Ich werde Mensch

Dietmar Posselt
Ich werde Mensch

Dr. Dietmar Posselt, Jahrgang 1961, wuchs in Moers am Niederrhein auf, studierte Chemie in Aachen und ist seit 1990 in der Industrie tätig. Seinen spirituellen Reifungsweg begleiten Studien der jüdischen und christlichen Mystik; sein Interesse für die Geheimnisse der Zahlenqualitäten führten ihn zu diesem Buch.

Bibliografische Information der Deutschen Nationalbibliothek:
Die Deutsche Nationalbibliothek verzeichnet diese Publikation in der Deutschen Nationalbibliografie;
detaillierte bibliografische Daten sind im Internet über http://dnb.d-nb.de abrufbar.

© 2011 Dietmar Posselt
Satz, Umschlaggestaltung, Herstellung und Verlag:
Books on Demand GmbH, Norderstedt
ISBN: 978-3-8391-9625-0

Jesus sprach:
»Die Auferstehung bin ich.
Das Leben bin ich.
Wer an mich glaubt,
wird leben, auch wenn er jetzt stirbt,
und wer lebt und an mich glaubt,
wird in Ewigkeit nicht sterben.«

Auszug aus Joh. 11, 17–27

Meiner geliebten Frau Anita sowie
meiner lieben Freundin
und Lehrerin Irmgard Heß.

Inhalt

Einleitung 9

Die hebräische Zahlensymbolik *oder* Was Zahlen er-zählen 14

Kain und Abel *oder*
Eine drastische Polarität in uns Menschen 33

Drei Männer besuchen Abraham *und*
Warum gerade Abraham und Sarah ein Paar waren 40

Die Kundschafter – vierzig Jahre in der Wüste *oder*
Vertraue ich absolut und grenzenlos auf die
göttliche Führung in meinem Leben? 56

Josua erobert das Land (1) – Vorbereitungen *oder*
Eine Liebeserklärung ganz besonderer Art 79

Josua erobert das Land (2) – Sieg *oder*
Das Leben liebt mich 84

David und Goliath *oder*
Der Kampf um die grenzenlose Freiheit 93

David wird zum König gesalbt *oder*
Was ein Ginkgoblatt mit der Bibel zu tun hat 115

Ich werde Mensch in meinem Leben *oder*
Wie erlebe ich meine Weihnachtsgeschichte? 123

Marta und Maria *oder*
Eine subtile Polarität im Erdendasein von uns Menschen 131

Der verlorene Sohn *oder* Umweg erwünscht 137

Jesus und der Blinde *oder*
Das Erwachen einer neuen Persönlichkeit 152

Jesus und die blutende Frau *oder*
Warum diese Geschichte heute mehr denn je zu uns passt! 160

Die Brotvermehrung *oder*
Eine gezielte Anleitung zum Glücklichsein 173

Der Mensch ist ein Acker *oder*
Ein guter Schnitter muss dreien können 186

Auf dem Golan *oder*
Alles ist möglich – aber es ist noch
kein Meister vom Himmel gefallen 193

Tod und Auferstehung Jesu *oder*
Wie die Ostergeschichte in mir stattfindet
und was die Drei damit zu tun hat 200

Der See Tiberias *oder*
Warum können 153 Fische wichtig sein? 211

Einleitung

Dieses Buch habe ich für mich und für alle geschrieben, die mit dem Herzen sehen können und bereit sind, Unsichtbares zu erspüren und zu erleben.

Gerne möchte ich Sie, liebe Leserin und lieber Leser, auf eine Entdeckungsreise der ganz besonderen Art mitnehmen. Befinden Sie sich an Ihrem Lieblingsplatz, sind Sie entspannt oder haben Sie zumindest einmal tief und bewusst durchgeatmet, um das alltägliche Tun abzustreifen? Dann können wir uns zusammen ein neues Stück Wahrhaftigkeit und inneren Reichtums erobern. Im Zentrum befindet sich dabei stets ein jeder von uns an seinem jeweiligen aktuellen Lebensabschnitt, von wo aus die eigene Seelenlandschaft erkundet und eventuell ein neues Terrain entdeckt wird. Ihre Gedanken, Gefühle und Erkenntnisse beim Eintauchen in diese Lektüre sind somit sehr persönlicher, individueller Art und besitzen doch gleichzeitig universellen Charakter. Bevor wir uns die menschliche Seele vor dem Hintergrund von Bibelgeschichten und Bibelgeschichten vor dem Hintergrund der Menschenseele anschauen, möchte ich vorab von meinen ganz eigenen Beweggründen erzählen, die mich zum Schreiben dieses Buches veranlasst haben. Somit sind die Ihnen vorliegenden Texte an der einen oder anderen Stelle mit einer gehörigen Portion Intimität gewürzt.

Ich habe mir mit diesem Buch einen meiner Träume auf glücklich machende Weise verwirklicht. Warum? Nun, ich lese und schreibe schon immer gerne; ich liebe es, ein Buch in der Hand zu haben und Texte zu Papier oder auf den Bildschirm zu bringen. Aber warum schreibe ich ausgerechnet dieses Buch? Und dann noch eines über die Bibel! Neben der Freude, die ich beim Analysieren und Schreiben empfand, brachte die Arbeit am Buch »*Ich werde Mensch*« einen wichtigen Grund für meine Aktivität zutage. Dieser kam jedoch erst während des Schreibens ans Licht, als ich schon mitten in meinem Vorhaben steckte: Ich wurde mir meiner eigenen Seele und meines eigenen spirituellen Reifungsweges bewusst. In einer immens deutlichen, klaren und tief gehenden Weise kommunizierte ich mit mir und erreichte dabei meinen inneren Wesenskern. Das war zunächst eine verblüffende Erfahrung, deren Wert ich schnell erkannte: unermesslicher innerer Reichtum!

Diese Erfahrung hat natürlich auch mit der Tatsache zu tun, dass ich mich mit der Auslegung und Bedeutung biblischer Geschichten befasse. Daher ist es mir an dieser Stelle ein wichtiges Anliegen, Irmgard Heß von ganzem Herzen zu danken. Sie hat mir mit ihrer Art der Bibelarbeit den Blick in eine neue Welt geschenkt, welche mit mir und allen Wesen verknüpft ist. Es ist gar nicht so lange her, da tanzten noch so viele Fragezeichen vor meinen Augen, wenn ich einen Blick in die Bibel tat. Speziell das Alte Testament verwirrte mich sehr. Ich hatte wohl keinen Zugang zum meist gelesenen Buch der Welt. Mir fehlte jedoch nicht nur die entsprechende »Tür«, sondern auch der geeignete »Schlüssel«, jene zu öffnen. Doch eines nach dem anderen …

Vor einigen Jahren lernte ich, dass wir biblische Erzählungen als sogenannte »Innen«geschichten verstehen und erfahren dürfen. Dabei spielt es keine Rolle, ob wir etwas über Abraham, David oder Jesus lesen. Inhalte und Botschaften bewegen sich jedoch oft auf verschiedenen Ebenen und unterscheiden sich in ihren »Qualitäten«. Diese Erkenntnisse haben mich sogleich in ihren Bann gezogen. Dabei spürte ich mehr, als dass ich es vom Kopf her verstand, ja, ich *wusste*, dass ich nun die Tür zu einem Teil der Welt gefunden hatte, der mein Leben veränderte und mir nachhaltig tiefe und wahrhafte Erfüllung bietet. Wenn wir beginnen, Bibelgeschichten als innere Seelenprozesse anzusehen, erfahren wir enorm Interessantes über unsere eigenen seelischen Wandlungs- und Entwicklungswege, die grundlegend, vielschichtig, universell, alltagstauglich und … faszinierend sind! Mich faszinierte dieser neue Aus- oder besser Einblick in mein Leben von Beginn an. Aber eine solche »Tür« nur zu kennen, reicht nicht aus, man muss auch hineinkommen. Und dazu bedarf es eines geeigneten »Schlüssels«, um das Türschloss zu öffnen. Diesen »Schlüssel« fand ich in den Übersetzungsmöglichkeiten der gesamten Symbolik, die in jeder der Erzählungen mannigfaltig zum Ausdruck kommt. Namen und Orte in der Bibel sowie Deutungen auf Basis der hebräischen Sprache und vor allem mithilfe ihrer Zahlensymbolik bilden einen reichhaltigen Fundus, um den richtigen Schlüssel zu unserem jeweiligen Seelenzustand zu wählen. Das Wissen um die *qualitative* Bedeutung von Zahlen bereicherte mich beim Lesen der Bibel und beim Schreiben dieses Buches enorm. Daher ist den Bibelgeschichten ein eigenes Kapitel über die Zahlenqualitäten vorangestellt.

Jetzt konnte ich in eine für mich neue Welt eintreten und das Studium der Bibel hatte mir dabei viele Überraschungen zu bieten. Ihre Texte hielten jeweils einen bunten Strauß von seelischen Zuständen und Transformationen bereit, die alle das Ziel haben, polare Strukturen in unserem Leben zu erkennen und zu überwinden. Die Bibelgeschichten offenbaren mir auch heute noch immer wieder weitere Wahrheiten und die unendliche universelle Liebe Gottes, die in jedem von uns steckt. Um es mit den Worten von R. M. Rilke zu sagen (aus »Briefe an einen jungen Dichter«, Insel Verlag): »*Nun entpuppte sich es als ein Buch der Herrlichkeiten und der Tiefen; je öfter man es liest: Es scheint alles darin zu sein von des Lebens allerleisestem Dufte bis zu dem vollen, großen Geschmack seiner schwersten Früchte.*

Da ist nichts, was nicht verstanden, erfasst, erfahren und in des Erinnerns zitterndem Nachklingen erkannt worden wäre; kein Erleben ist zu gering gewesen, und das kleinste Geschehen entfaltet sich wie ein Schicksal, und das Schicksal selbst ist wie ein wunderbares, weites Gewebe, darin jeder Faden von einer unendlich zärtlichen Hand geführt und neben einen anderen gelegt und von hundert anderen gehalten und getragen wird.«

Ich hatte meinen eigenen Zugang in die Welt biblischer Erzählungen gefunden und wollte dieses für mich neue Reich, das ich nunmehr immer betreten konnte, mit anderen Menschen teilen und ihnen Freude bereiten. Daher habe ich einige Geschichten des Alten und Neuen Testaments für dieses Buch ausgewählt, die mir in meinem Lebensabschnitt während des Schreibens besonders gut gefielen und mich ansprachen. Wenn zum Beispiel bestimmte Zahlen in deutlicher Weise hervortraten wie die >2< in »Kain und Abel« sowie in »Maria und Marta« oder »>40< Jahre in der Wüste«, »Die Brotvermehrung« mit den >2< Fischen und >5< Broten, »Der See Tiberias« mit seinen >153< Fischen oder »Abraham und die >3< Männer«, dann habe ich mich mit diesen Geschichten näher befasst. Mich haben in jener Zeit auch bestimmte Namen und Menschen interessiert wie David und Goliath oder Josua, sodass ich mich mit ihnen und ihren Anteilen in mir eingehender beschäftigen wollte. Natürlich durften die Geburt, der Tod und die Auferstehung Jesu nicht fehlen. Insgesamt habe ich so >17< biblische Geschichten für dieses Buch gesammelt, >7< aus dem Alten und >10< aus dem Neuen Testament, da diesen Zahlenqualitäten besondere Bedeutungen zukommen.

Vor der großartigen Kulisse der Bibel werden während unserer Entdeckungsreise in die Tiefen der menschlichen Seele Transformationsprozesse und Bewusstseinswerdungen als Stücke aufgeführt, die wir nun sehen und verstehen können.

Dabei spiele ich mit den von mir gewählten Untertiteln zu den einzelnen Bibelgeschichten auf Nuancen an, die mir bei den Interpretationen und Inszenierungen wichtig waren.

Die hebräische Zahlensymbolik
oder
Was Zahlen er-zählen

»Alles ist Zahl«, so lautet Pythagoras' Kernaussage, die bis zum heutigen Tage berühmt geblieben ist. Der griechische Philosoph aus dem sechsten vorchristlichen Jahrhundert lehrte die Zahl und das Maß als »Wesen« der Dinge; für ihn waren Zahlen geheimnisvolle Wesen, die die grundlegenden Schöpfungsprinzipien repräsentieren, eine »Qualität« besitzen und uns über diese mit einem universellen Inhalt hinter den Formen verbinden. Er knüpfte damit wahrlich an die Worte aus dem Alten Testament an: »Du, Gott, hast alles geordnet nach Maß, Zahl und Gewicht.« Zahlen bestimmen dabei das Verhältnis von Ursache und Wirkung, aber auch das Verhältnis vom Menschen zu Gott und von Gott zum Menschen.

Für viele Menschen ist das Wissen verloren gegangen, dass die Bibel gespickt ist mit Zahlen. Nicht, weil andauernd irgendwelche Zahlworte geschrieben stehen, sowohl im Alten wie im Neuen Testament. Die Zahlenqualitäten sind verborgen in den hebräischen Buchstaben, die die Grundlage der biblischen Urschrift darstellen. Buchstabe ist Zahl! Damit ist gemeint, dass es im Hebräischen eine Beziehung zwischen Wort und Zahl gibt und jedem Buchstaben sowie jedem Wort ein Zahlenwert zuge»ordnet« ist. Dadurch wird eine – wie ich finde – unfassbare Ordnung des gesamten Kosmos beschrieben und fühlbar gemacht. Somit ist die hebräische Urschrift der Bibel – vereinfacht ausgedrückt – nichts anderes als eine Aneinanderreihung von Zahlen. Oder mit modernen Worten gesagt: Für den Hebräer waren die alten Schriften ein Zahlencode ganz besonderer Art.

Für mich als Chemiker und damit als gelernter Naturwissenschaftler waren das bis vor einiger Zeit neue, unbekannte Gedanken; ich sah in Zahlen eher Gebilde, die Quantitäten ausdrücken und »wesenlose« Hilfsmittel darstellen, mit denen die Natur »berechnet« werden kann. Als ich begann, mich mit der symbolischen Aussagekraft von Zahlen zu beschäftigen, verblüffte es mich anfangs schon, dass ich sie nicht nur zum Rechnen nehmen, sondern sie auch »erspüren« kann. Das hat mir als Bürger unseres westlichen Kulturkreises, in dem mehr und mehr das Sicht- und Beweisbare in den Vordergrund getreten ist, eine neue Welt erschlossen und unbeschreiblichen sowie »unberechenbaren« Reichtum beschert!

Die in diesem Kapitel zusammengestellten Informationen über Zahlenqualitäten, d. h., *was Zahlen er-»zählen«*, basieren teilweise auf meinem Studium der unten zitierten Literatur. Dabei stehen das Lebenswerk von Friedrich Weinreb (1910 – 1988), dessen Liebe der Bibel und der jüdischen Überlieferung galt, sowie die Bücher von I. Heß, H. E. Benedikt und M. S. Schneider im Vordergrund. Das Buch von M. Stelzner habe ich hier für die Leser und Leserinnen angeführt, die tiefer in die Theorie der Zahlensymbolik einsteigen wollen.

- Friedrich Weinreb; Zahl, Zeichen, Wort, Das symbolische Universum der Bibelsprache, Thauros Verlag
- Irmgard Heß; Mann und Frau in der Bibel, Vier-Türme-Verlag, Münsterschwarzach
- Heinrich Elijah Benedikt; Die Kabbala als jüdisch-christlicher Einweihungsweg, Band 1: Farbe, Zahl, Ton und Wort als Tore zu Seele und Geist, Ansata-Verlag
- Michael S. Schneider; A Beginner's Guide to Constructing the Universe, Haper Perennial
- Michael Stelzner; Die Symbolik der Zahlen, Verlag für außergewöhnliche Perspektiven

Zahlen helfen uns in gewisser Weise, das »innere« Leben zu verstehen, aus dem heraus wir mit dem Unsichtbaren verbunden sind. Mit ihnen erhalten wir quasi einen tieferen Zugang zum Aufbau und den Gesetzen der geistigen Welt. Dabei bringen uns Zahlenqualitäten mit dem Woher und Wohin des Lebens, mit Ursprung und Ziel unseres Daseins in Berührung und er-»zählen« uns wahrlich Geschichten. In der hier angewendeten Zahlensymbolik geht es um den unsichtbaren Ausdruck der »inneren« Wesenskräfte, wobei Zahlen einen verbindenden Charakter zwischen Wort, Ding und Wesen haben.

Zahlen haben verborgene Kräfte in sich gespeichert, die uns Urbilder des Lebens offenbaren, wobei es immer um das eigene Bewusstsein und die eigene spirituelle Entwicklung geht. Wenn wir ihre Symbolsprache verstehen, erlangen wir mit Sicherheit ein besseres und vor allem tieferes Verständnis unseres Lebens hier auf Erden.

Wie schaffen wir es nun, die Qualität von Zahlen zu ergründen, ihnen im Gegensatz zu einem reinen Mengenbegriff einen Inhalt, eine Essenz zu geben? Es klang bereits an, dass wir es vielmehr spüren als rechnen, was wir aus der Schule kennen. Ein solches »Erspüren« ist Grundvoraussetzung, um die Qualitäten einzelner Zahlen zu interpretieren. Dabei geht es nicht mehr um die Quantität, eine Eigenschaft, die in unserem Alltag die übergeordnete Rolle in ihrer mathematisch additiven Anwendungsweise spielt und unser Denken dominiert. Es geht weder darum, dass zwei Häuser und zwei Häuser vier Häuser ergeben, noch dass Zahlen in vielfältiger Form algebraisch miteinander verknüpft werden können. Die *quantitative* Bedeutung von Zahlen erschließt uns die Welt eher analytisch, und wir sind in der Lage, Mengen und Größen zu bestimmen und miteinander zu vergleichen. Diese analytisch-additive Sichtweise basiert im übertragenen Sinne auf der Ausbildung von Grenzen, auf dem Zerteilen und Aufteilen in unserer Welt und dem Unterscheiden von »mein« und »dein«. Ganz anders die *qualitative* Sichtweise in Bezug auf Zahlen: Die eingehende Beschäftigung mit Zahlenqualitäten führt immer zu einer Bewusstseinserweiterung. Es steht hier der gliedernde Aspekt im Vordergrund, es werden Teile, Qualitäten, Wesenheiten eines kosmischen Ganzen betrachtet. Es geht also um eine ganzheitliche Betrachtung, die in Bezug auf uns Menschen eng mit einer Innenschau einhergeht. Wir sehen die Welt in und um uns nicht analytisch-additiv, sondern qualitativ-esoterisch. H. E. Benedikt schreibt darüber so schön, dass *eine solche qualitativ-esoterische Behandlung von Zahlen auf der tief im eigenen Inneren liegenden Erfahrung des Lebens und der Natur beruht. Durch sie wird jedes Wesen, jedes Individuum als Teil des Ganzen gesehen und der eigene Sinn wird aus dem Zusammenhang und der Verbindung mit dem All-Einen erkannt ... Das Ganze ist mehr als die Summe seiner Teile und gleichermaßen ist jeder Teil, jedes Individuum Repräsentant des Ganzen, geschaffen in Seinem Bilde und Träger Seines Lichtes.*

Im Folgenden werden die Qualitäten der Zahlen >Eins< bis >Zehn< vorgestellt. Im gesamten Buch werden dabei die Zahlen mit > < gekennzeichnet, wenn ihre Symbolhaftigkeit gemeint ist. Warum gerade >1< bis >10<? Nun, auch Johann Wolfgang von Goethe lässt im ‚Hexenküchen'-Teil seines Faust I die Hexe sprechen: »*Du musst verstehn! Aus Eins mach Zehn, und Zwei lass gehen, und Drei mach gleich, so bist du reich. Verlier die Vier! Aus Fünf und Sechs, so sagt die Hex, mach Sieben und Acht, so ist's vollbracht: Und Neun ist Eins, und Zehn ist keins. Das ist das Hexen-Einmal-Eins!*« Aber nun der Reihe nach:

Die >**Eins**<: Der alles umfassende Gott ist symbolisch die >Eins<. Die >1< steht für die vollkommene, kosmische Einheit, wie wir sie in unserem irdischen Leben gar nicht leben können. Diese Vollkommenheit, diese >Ein<heit verinnerlicht das Glück, den Urfrieden, das Nicht-Getrennt-Sein. Alle Vielheit, die wir in uns und um uns herum kennen, wird durch die >1< zusammengehalten, ist in ihr. Und jede Form oder Möglichkeit der Polarität ist aufgehoben. Das Symbol für die >Eins< ist der Kreis oder Punkt, sie ist die Zahl des Himmels. Einheit besitzt keinen Anfang und kein Ende, alles Leben kommt aus ihr, der >Eins<. Alle Schöpfung ist Einheit, die >1< bewahrt in ihrer Qualität, dass alles mit allem verbunden ist! Wenn wir in der Stille gut mit unserem göttlichen Inneren verbunden sind, haben wir manchmal die Chance, in kurzen und kaum beschreibbaren Glücksmomenten eine Ahnung vom >Eins<sein zu erfahren. Oder wir werden plötzlich »seltsam berührt« – beispielsweise wenn wir uns in schöner Natur befinden oder Musik hören – und erleben eine >Ein<heitserfahrung ganz besonderer Art. Solche Augenblicke sind selten und sehr kostbar.

»Qualitativ verwandt« sind die Symbolhaftigkeiten der >10< und der >100<, sie gehören jedoch zu anderen Ebenen und werden anders erlebt. So ist zum Beispiel die >Eins< aus dem Geist und die >Zehn< aus der Materie geboren, weil wir zur Geburt der >10< erst alle anderen Zahlen real erleben müssen.

Gott, der Schöpfer, bringt nun aus der Einheit die >Zwei< in das Universum, er erschafft alles als >Zwei<heit: »Im Anfang schuf Gott Himmel und Erde.« Womit wir bei der >2< angekommen sind.

Die >**Zwei**<: Es gibt in der Schöpfung nichts, das nicht die >Zwei<heit, die Polarität in sich birgt. Unser ganzes Empfinden, Erfahren und Handeln (= *Agieren und Reagieren*) spiegelt sich in der >2< der Welt: Mann – Frau, Himmel – Erde, Leben – Tod, groß – klein, gut – böse, einatmen – ausatmen usw. Alles in der sichtbaren Welt hat somit >zwei< Seiten, die einander bedingen, oder anders ausgedrückt: Der eine Pol existiert nicht ohne den anderen und umgekehrt. Aber es geht nicht nur um die *Existenz* von derartigen Gegensatzpaaren, sondern die Zahlqualität der >Zwei< (ebenso die Qualität der >Drei<, wie wir noch sehen werden) enthält regelrecht *Prozesse*, wie sie für das Leben und die Wandlung im Allgemeinen notwendig sind. Warum? Zwei entgegengesetzte Seiten – stellen wir uns hier zwei Gegner irgendwelcher Art vor – bedeuten einerseits Spaltung, andererseits erzeugen sie im Umfeld definitiv eine Spannung. Diese Spannung kann im Äußeren wahrgenommen werden, viel öfter, ja fast allgegenwärtig, können wir sie in unserem Inneren diagnostizieren! All die Spannung in unserem Seelengefüge, jeder >Zwie<spalt, jede Ver>zwei<flung ist ein Ausdruck der >2<. Wir sprechen dann im Alltag von Krisen und Problemen bis hin zu Ent>zwei<ungen bei menschlichen Beziehungen. Die resultierende Spannung aus dem Gesetz der >Zwei< ist jedoch die Grundvoraussetzung einer jeden Entwicklung, sie ist Bedingung für das gesamte Leben. Schöpfung ist nichts Statisches, es existiert nur Wandlung. Somit gehört die >2< zum Leben; sie ist die Zahl, die verstanden und gelebt werden muss. Damit ist gemeint, dass wir nicht in einem Zustand verharren sollen, bei dem wir uns nur auf einer Seite befinden, sozusagen in einem der beiden gerade existenten Pole feststecken. Vielmehr ist im Zustand der >2< (wie auch der >20< und >200<) das Verstehen und Annehmen der beiden Seiten wichtig. Dabei kann es sich beispielsweise um einen anderen Menschen, eine gegenteilige Meinung, einen Widerstand in uns selbst oder ein Problem handeln, das uns beschäftigt.

Die Qualität der >Zwei< spielt nun jedoch nicht die Rolle einer endgültigen beziehungsweise dauerhaften Ent>zwei<ung innerhalb der Schöpfung. Im Gegenteil, sie ist vielmehr auf die >Ein<heit ausgerichtet oder besser gesagt »in ihr eingerichtet«.

Der notwendige »Umweg« erfolgt immer über die Spaltung, wie wir es nun anhand der ›Drei‹ »erspüren« werden.

Die ›Drei‹: Wie ist das nun, wenn wir im ›Zwie‹spalt stecken, von Gegensätzen fast zerrissen werden, sei es in unserem Herzen oder zwischenmenschlich? Unsere Erfahrung lehrt uns vielleicht, dass wir da irgendwie herauskommen können. Aber wissen wir genau, wie das geschieht und was da vor sich geht? Kennen wir die *spirituelle* Antriebsfeder, die uns aus der ›2‹ »hinauskatapultiert«? Hier kommt nun die ›Drei‹ ins Spiel. Die Qualität dieser Zahl ist etwas ganz Besonderes, doch selbst diese Beschreibung reicht nur geringfügig an den wahren Kern heran. Denn das ganze Leben besteht aus Akten des ›Dreiens‹ und die ›Drei‹ beheimatet ein absolutes Prinzip! Dieses Geheimnis ist seit langer Zeit bekannt, die Menschen haben stets bewusst oder unbewusst diese Magie gelebt. So kommt es, dass der Volksmund sagt: »*Aller guten Dinge sind drei*« oder »*Der kann nicht auf 3 zählen*«. Und zeugt nicht die Trinität, die Dreieinigkeit vom *Vater, Sohn und Heiligen Geist* von der großen Bedeutung dieser Zahlenqualität in unserem Leben? Schauen wir sie uns genauer an:

Mit der Qualität der ›Drei‹ wird die Polarität überwunden, die Spannung aufgelöst, es entsteht etwas Neues. Dieses Neue geht vor allem mit einem erweiterten Bewusstsein einher. Wir alle kennen das: Wenn wir in unserem ganz normalen Leben irgendwie in der Ver›zwei‹flung stecken, können wir nur »Entspannung« erfahren, wenn wir im Geistigen die Zusammengehörigkeit der gegensätzlichen Pole unserer inneren oder äußeren Welt erfassen, bewusst machen, annehmen und bearbeiten. Stellen wir uns beispielsweise ein Paar vor, das im Streit festgefahren ist, einen sogenannten »Rosenkrieg« erlebt. Erst wenn sich beide in den anderen Partner hineinversetzen sowie im Gegenüber einen Spiegel ihrer eigenen Persönlichkeitsstruktur erkennen, kann ein gereiftes Bewusstsein entstehen. Dieses neue Bewusstsein ist der Nährboden für weiteres Wachstum, sodass beide wieder Frieden finden können. Das ist die >Drei< im praktischen Leben. Oder es entspannt sich vielleicht eine Krise dahin gehend, dass eine Lösung gefunden wird, oder einer Krankheit folgen Heilung und Gesundheit. Der neue »Zustand«, der sich mit der >Drei< ergibt, befindet sich allerdings nicht mehr auf der gleichen Stufe. In jedem Fall erfahren wir beim >Dreien< eine Reifung und die Qualität des Ergebnisses gehört einer anderen geistigen Ebene an. Die Qualitäten der >30< und >300< können ebenfalls in diesem Sinne interpretiert werden.

Die >3< ist eine essenzielle *Lebenszahl*, d. h. eine *Reifungszahl*. Sie reflektiert ein rein geistiges Prinzip, d. h., wir können die damit verbundene Qualität *erfahren*, es geht jedoch um nichts Materielles, wir können es nicht *anfassen*. Die Wichtigkeit der >Drei< erkennen wir auch daran, dass sie so oft in Märchen und Mythen sowie in der Bibel vorkommt. Sie enthält den *Grundschritt jeden Lebens*. Auch Pythagoras und Aristoteles sahen die >Drei< in jedem Ganzen, welches einen Anfang, eine Mitte und ein Ende hatte.

Aus einem anderen Blickwinkel betrachtet schenkt uns diese Zahlenqualität wichtige und hilfreiche Informationen über uns, indem sie vom alles bestimmenden >Drei<schritt des Lebens erzählt. Dieser besteht aus *Wahrnehmung, Entscheidung* und *Konsequenz*. Jeder Augenblick unseres Lebens gründet auf der Tatsache, dass wir etwas wahrnehmen und uns dann entscheiden, was wir tun oder wie wir das Wahrgenommene bewerten sollen. Schließlich resultiert unweigerlich daraus eine Konsequenz, ein neuer Lebensmoment ist geschaffen, wir erleben etwas Neues. Allerdings machen wir Menschen uns dieses Muster wahrscheinlich nie so richtig bewusst und denken eher, dass die Augenblicke unseres Lebens »einfach so entstehen«. So sind alle meine »Reaktionen« auf Ereignisse oder andere

Menschen lebendige Beispiele für den >Drei<schritt. Ich erhalte zum Beispiel einen Rückschlag bei einer mir wichtigen Unternehmung. Natürlich bewerte ich es sofort (leider), indem ich sage, dass es furchtbar sei. Nun entscheide ich mich, wie ich darauf reagieren soll (bewusst oder unbewusst; hier liegt der Schlüssel für mein Seelenheil). Meine Entscheidung bezüglich des »schlechten« Ergebnisses hat immer eine Konsequenz zur Folge. Dieser Verantwortung sollte ich mich stellen. Denn in der >3< liegt das Geheimnis des Hier und Jetzt sowie unserer eigenen Schöpferkraft. Die >3< überwindet ja die Polarität, das heißt die Spannung der >2<. Man sagt auch, die >1< sei in der >3< und umgekehrt, die >3< in der >1<. Damit ist gemeint, dass die Qualität der >3< die hinter der Polarität stehende Einheit ist. Die >3< lässt eine neue lebendige Einheit entstehen. Die Chinesen nennen sie das Tao, welches der >Eins< und der >Drei< entspricht. Das Tao umfasst beide Pole, es enthält Yin und Yang und ist seinerseits in beiden. Das gesamte menschliche Leben offenbart seinen Sinn darin, die Polaritäten des Lebens zur >Drei< zu fügen, um auf diese Weise zur Freude, zum inneren Frieden, zur Liebe und zum Licht zu gelangen. Im übertragenen Sinne steht die Qualität der >Drei< für Befreiung, Erlösung, Frieden und Liebe zu uns selbst.

Die soeben erwähnte eigene Schöpferkraft findet zum Beispiel ihren wunderbaren Ausdruck in folgender bewussten Vorgehensweise, bei der Vorgänge in geistiger und irdischer Welt ideal ge>dreit< werden: *erkennen, dass alles schon vorhanden ist (Paralleluniversen) – entscheiden – loslassen.* Altes und neues spirituelles Wissen lehrt uns, dass in Räumen der unsichtbaren Welt alles existiert, »schon da ist«. Dinge, Zustände, Erfahrungen, Entwicklungen, alles. In tiefer Verbundenheit widme ich mich nun etwas Bestimmtem aus jenen Dimensionen, entscheide mich bewusst dafür und lasse vertrauensvoll los. Grenzenloser Reichtum (wie eingangs im Goethezitat beschrieben)!

Die >**Vier**<: Während die >Drei< ihrem Wesen nach Reifung bewirkt, neues Handeln in unser Leben bringt und auf diese Weise von einem geistigen Prozess erzählt, kommen wir jetzt mit der >Vier< bei einer Zahl an, die regelrecht zum »Anfassen« ist. Sie beheimatet die Sichtbarkeit des eigenen Lebens. Die >Vier< symbolisiert als *Kind der >Drei<* alles Irdische, Materielle, das, was wir das pralle Leben nennen. In der >4<er-Qualität wohnt die Erd- und Gottesmutter, wie wir es an der Ableitung *mater (lat. Mutter) – Materie* erkennen können. Äußere Zeichen dieser *erdverbundenen* Qualität sind beispielhaft die vier Himmelsrichtungen, Jahreszeiten und Mondphasen.

Auf uns Menschen bezogen steht die >Vier< für die äußere Welt unseres Lebens. Darunter ist außer dem materiellen Aspekt ebenfalls unser ganz normaler Alltag zu verstehen. Die >Vier< ist somit die Symbolzahl unserer diesseitigen, sichtbaren Welt und steht auch generell für die Vielheit. Sie bildet das Fundament des irdischen Lebens und symbolisiert Raum und Zeit. In einem weiter gefassten Sinne kann gesagt werden, dass Zeiten der >4< immer große Sehnsuchts- und Vorbereitungszeiten des Menschen darstellen. Es handelt sich um keinen Zufall, dass wir >4< Adventssonntage und >40< Fastentage kennen.

Im Dasein der >Vier<, welche quasi eine »doppelte Polarität« aufweist ($2 \times 2 = 2^2$), präsentiert sich die Zerrissenheit im Leben noch prägnanter als bei der >Zwei<: Getrieben von unseren Egokräften, aufgrund dessen wir fast immer »besitzen«, »alles bestimmen«, »alles im Griff haben« wollen sowie stets »vergleichen«, scheint unsere Welt in der >4< förmlich in Leid und Schmerz zu münden! Ähnliches gilt für die Interpretation der Zahlenqualitäten >40< und >400<. Nur in der >Vier< zu leben, macht also nicht glücklich. Dazu brauchen wir weitere Zahlenqualitäten auf unserem spirituellen Reifungsweg. Die >Fünf< schenkt uns einen hoffnungsvollen Einblick und lässt uns *ahnen*.

Die >**Fünf**<: Diese Qualität schafft nun *Verbindung* und lässt uns zu wahren Menschen werden! Die >5< spielt seit vielen Jahren eine bedeutungsvolle, ja magische sowie heilige Rolle in meinem Leben und ich bin für den bewussten Umgang mit ihr dankbar. Sie gilt in universeller Weise als die Zahl des Menschen und steht für die Verbindung von Himmel und Erde. Der Mensch *ist die lebendige Verbindung* von Himmel und Erde. Denn so wie aus dem Rechteck oder Quadrat, der >4<, durch Hinzufügen der >1< aus einer anderen Dimension die Pyramide wird, so steht der Mensch rein äußerlich gesehen senkrecht auf Mutter Erde mit der Ausrichtung zum Himmel. Die Qualität der >5< wird oftmals als >1-4<-Beziehung beschrieben, wodurch die Verbindung unserer äußeren Welt (>4<) mit der göttlichen Einheit (>1<) ganz klar zum Ausdruck gebracht wird. Mit diesem Wissen bekommt das Wort »>Quint<essenz« gleich eine besondere Note, nicht wahr?

Die Symbolhaftigkeit der >1-4<-Qualität tritt beim Menschen deutlich durch folgende sichtbare Zeichen in Erscheinung: die Hand mit dem Daumen und den vier Fingern, der Kopf und vier Gliedmaßen, das Herz besitzt insgesamt vier Ein- und Ausgänge. Wir haben fünf Sinne. Und die Luft, die wir atmen, besteht aus >einem< Teil Sauerstoff und >vier< Teilen Stickstoff. Auch war das gleichmäßige Kreuz mit seiner Mitte und vier Enden von jeher und weit vor Christi Geburt das Symbol des Menschen. In der biblischen Schöpfungsgeschichte ist zu lesen, dass sich im Paradies ein Strom in die vier Ströme *Pischon, Gihon, Tigris* und *Euphrat* teilte.

In Bezug auf unser Menschendasein ist es wichtig zu erkennen, dass die >5< als >1-4<-Prozess gelebt werden kann. Wir können nämlich als bewusst gewordener Mensch »hand«eln (die >Fünf<!), indem wir so oft wie möglich unser Tun wissentlich mit der >Eins< verbinden. Eine solche Rückverbindung zur Einheit wird dann in unserem Alltag (>Vier<) sichtbar, was wir meistens an den sogenannten »Zufällen« erkennen. Wenn wir in vielen Reifungsprozessen immer wieder in die *Bewusstheit* der >5< gehen, wissen wir auch, dass wir in einem machtvollen, von unsichtbaren Energien erfüllten Kraftfeld leben. Dann offenbart sich Gott in unserem Leben!

Viele Menschen wissen von dieser Symbolhaftigkeit der >Fünf<. Sie ist die *Christuszahl* und im kosmischen Sinne die Kennzahl der Schöpfung und des Wachstums. Ihre Strahlkraft steht für *Leben, Kraft, Macht* und *Wachstumsprozesse*. Zum Beispiel ist der >Fünf<stern, das Pentagramm, auf Flaggen von mehr als 60 Nationen zu sehen; viele Firmen verwenden jenen Stern bei der Gestaltung des Logos. Das Pentagramm bringt den *Goldenen Schnitt* hervor, welcher das grundlegende Maß für die schöpferische Schönheit der Natur und deren Wachstumsformen, für Architektur und Kunst darstellt. Das ist die >Fünf<.

Die >**Sechs**<: Hier landen wir im prallen Leben. Während die >Fünf< für den Menschen und seine Verbindung mit Gott, das Leben und Wachstum an sich steht, versinnbildlicht die >Sechs< das *Prinzip* des Lebens. Mit der >Sechs< geht es permanent um die Polverbindung im Alltäglichen und Materiellen unserer sichtbaren Welt. Im Gegensatz zur >3<, deren Wesen ein rein geistiges Prinzip ausdrückt, ist die >6< eine praktische Anleitung für den Umgang mit uns selbst sowie mit anderen Menschen, Umständen und Ereignissen. Diese Zahlenqualität verkörpert auch Reinheit; wir können sie quasi als *Reinigungszahl* auffassen, wie wir noch sehen werden.

Wo treffen wir auf die >6<, wie manifestiert sie sich? Überall und vielfältig, wie einige wenige Beispiele demonstrieren: Gott schuf die Welt in >6< Tagen. Auch aus chemischer Sicht bildet die >6< die Lebensbasis, denn alle sogenannten organischen Moleküle bestehen in ihrem Aufbau aus Kohlenstoffatomen.

Das Kohlenstoffatom besitzt im Periodensystem der Elemente die Ordnungszahl >6< (es ist aus jeweils sechs Protonen, Neutronen und Elektronen aufgebaut). Die Erscheinungsformen des reinen Elementes Kohlenstoff in der Natur sind der im Lichte schwarze, weiche Grafit und der farblose, aber funkelnde harte Diamant. Gegensätzlicher können zwei Modifikationen des gleichen Stoffs gar nicht sein. Zufall? Oder schauen wir auf folgende Beobachtung beziehungsweise Erfahrung: Die Süße des Honigs steckt in den >Sechs<ringen des Zuckermoleküls – und liegt nicht die »Süße des Lebens« im >*Sex*< zwischen Mann und Frau? Dass diese Symbolzahl auch etwas mit Schönheit und Reinheit zu tun hat, sehen wir an den wundervollen >Sechs<sternen der Schneekristalle, die immer schon als Metapher für die Reinheit gewählt wurden (z. B. in Märchen).

Im übertragenen Sinn hängt die >Sechs< immer mit etwas zusammen, das Vollkommenheit bringt oder in sich birgt. Zwei Pole werden zusammengeführt, wie wir uns das bildhaft mithilfe des Davidsterns vorstellen können. Zwei gleichseitige und entgegengesetzt gerichtete Dreiecke werden in ihm zusammengebracht. Überlieferte alte arabische Symbolzeichen für Zahlen zeigen die >2< und die >6< als Spiegelbilder voneinander (٢ | ٦). Der symbolhafte Spiegel zwischen diesen beiden Zeichen ist für mich wie ein unsichtbarer Ort der Transformation, wo das geistige Prinzip der >2< zum lebendigen Spannungsfeld des Alltags, der >6<, gewandelt wird.

Die Symbolhaftigkeit der >Sechs< ist auch in unserem Menschendasein sehr konkret, indem in dieser Zahl konkrete Teile – oder besser gesagt: Gegensätze – in uns selbst und in unserem gesellschaftlichen Leben miteinander verbunden werden. Die >6< erinnert uns daran, innerhalb *dieser Welt* Pole zu verbinden, auch scheinbar unvereinbare! Das Zusammenfügen gegensätzlicher Pole muss immer wieder und in unterschiedlichsten Situationen geschehen. Das ist unsere ständige

»Hausaufgabe«. Vor allem hat die ›6‹ viel mit Akzeptanz zu tun, dem Bejahen von allem, was im eigenen Leben ist und war. In verantwortungsvoller Weise sollen dabei eigene Schuld und Fehler, Schicksal und Irrtümer angenommen und bearbeitet werden. Alles muss noch einmal ins Leben hereingeholt werden. Erst wenn uns die Verbindung von Hass und Liebe, Angst und Vertrauen immer wieder im Leben gelingt, haben wir wichtige »Reinigungs«arbeiten vollzogen und Erlösung kann Einzug halten. Das Leben wird wieder »süß«. So wird alles, was wir oft das »Negative« nennen – Fehler, Ängste, Wut usw. – zu Helfern für unsere Reifungsprozesse. Die ›Sieben‹ ist dann nah, Schönheit und Vollkommenheit halten dann Einzug in das »Prinzip Leben«. Bringen wir die Fehler der *Vergangenheit* mit den Ängsten und Projektionen bezüglich der *Zukunft* zusammen, so schaffen wir es, in der *Gegenwart*, im *Hier & Jetzt,* zu sein.

Die ›**Sieben**‹: Die ›4‹ verkörpert die Erde, die Materie und den Alltag, die ›5‹ erzählt vom Wesen des bewussten Menschen hier auf Erden, und die ›6‹ bringt uns dazu, Pole im Hier und Jetzt miteinander zu verbinden. Diese drei Zahlenwesen spielen sich alle in der sichtbaren Welt ab. Mit der ›7‹ bewegen wir uns nun in Sphären der Zahlensymbolik, die nicht mehr nur von dieser Welt sind; mit der ›7‹ »neigt sich der Himmel zur Erde«. Damit meine ich, dass unsere Seelen nun bereit sind, mit Wesen der geistigen Welt zu kommunizieren. Wir beginnen mehr und mehr, Energien der höheren Welten wahrzunehmen, indem wir beispielsweise mit Engeln in Kontakt treten, was nur eine Möglichkeit darstellt. Somit wird ein ganz wichtiges Reifungs- und Entwicklungsstadium in uns erreicht. Allerdings nur, wenn wir in bewusster Manier die Reinigungsschritte der ›6‹ vollziehen. Daher sagt man auch, die ›7‹ sei das »Kind« der ›6‹ im Unsichtbaren. Wenn wir die >6< leben, entsteht *es* von allein, *es* »wird gegeben«. Die geistige Welt hilft uns im Leben hier auf Erden, wodurch wir einen Hinweis auf wahre Vollkommenheit und Schöpferkraft von uns selbst erhalten. Werden also im irdischen und materiellen Dasein zwei Pole bewusst miteinander verbunden, erscheint unerklärbar der heilige Same der >Sieben<. In einem interessanten Buch las ich einmal den Satz: »Geist ist stärker als Materie.« Es bedeutet nichts anderes, als dass die göttliche Welt (das geistige Prinzip der >3<) in die diesseitige Welt (das äußere Leben der >4<) hineinwirkt und so die >7< »macht«.

Die Zahlenqualität der >Sieben< im Leben zu erfahren heißt, dass die Seele auf die sogenannte »Gottesgeburt« vorbereitet wird, von der alle Mystiker sprechen. Dies ist ein heiliger und heilender Akt, wie wir noch bei der Betrachtung der Zahlenqualität >9< sehen werden. Deshalb verwundert es nicht, dass viele Kulturen in der >Sieben< eine heilige Zahl sehen. Sieben Tage gehören zur biblischen Schöpfungsgeschichte (sechs Tage + ein einzelner), wir teilen die Kalenderwoche in sieben Tage, sieben Töne besitzt die Tonleiter und sieben Farben der Regenbogen, sieben Chakren steuern den menschlichen Organismus und in 7er-Schritten entwickelt sich der Mensch von seiner Geburt bis zum Tod.

Die **>Acht<**: Mit der Qualität dieser Zahl erreichen wir eine neue Bewusstseinsebene, mit der >8< beginnt stets ein neuer Zyklus auf einer *höheren Ebene*. Dieser neue Zyklus hat viel mit der Erscheinung der *Resonanz* zu tun. Weiterhin ist die >8< wie die >7< immaterieller Art und Natur. Man sagt, sie sind wie Zwillingsschwestern und pfiffigerweise wird diese Verbindung in folgender Betrachtung deutlich angezeigt: Unter einer »erhöhten« >7< versteht man die 7 × 7 = 49. Jetzt ist der Kehrwert, die 1/49 = 0,02 04 08 16 32 64 128 256 ... usw., wobei sich die Vielfachen der >8< hinter dem Komma *unend-*

lich fortpflanzen. Das ist doch fantastisch, oder? Die ›Acht‹ wird somit auch magische Zahl genannt und beschreibt stets einen Zustand, der aus dem Jenseits, aus dem Unsichtbaren in die sichtbare Welt hinüberreicht.

Was sich hier recht theoretisch anhört, belegen viele Beispiele in der Natur, in Märchen und Mythen und nicht zuletzt in der Bibel. So wurde Jesus am ›8‹. Tag beschnitten und am ›8‹. Tag erlebten alle Jünger gemeinsam den Auferstandenen. Nach ›acht‹ Schritten erreicht die Tonleiter die Oktave. »Unsichtbar« verbirgt sich Purpur als ›achte‹ Farbe im Regenbogen. Für uns sind ja nur ›sieben‹ Farben sichtbar; Purpur bildet sich nun »im Verborgenen« aus Rot und Violett als Farbe der Könige und Hohepriester. Bei Lebewesen verläuft die Bildung neuer Zellen in ›8‹ Stadien, nach ›8‹ Schritten haben sich aus einer Zelle zwei neue gebildet. Und in der Chemie hat das jeweils ›8‹. Element im Periodensystem der Elemente eine »volle Elektronenschale« und stellt somit ein »nicht-reaktionsfähiges« Edelgas dar. Dies sind nur einige Beispiele, die belegen, dass sich etwas in ›Achter‹schritten auf einer anderen Ebene weiterentwickeln kann und miteinander in Resonanz steht. Mich begeistern solche sichtbar gemachten Zusammenhänge immer wieder!

Das Zahlzeichen der ›8‹ ist eng verknüpft mit dem Symbol des Unendlichkeitszeichens, der Lemniskate ∞, der liegenden ›Acht‹. Sie ist im spirituellen Sinne das Zeichen der ewigen Wandlung. Und von der ›Acht‹ können wir wieder viel für unseren spirituellen Reifungsweg lernen. Die Qualität der ›Acht‹ weiß, dass zwei Pole notwendig sind. Als 2 x 2 x 2 weist die ›8‹ eindeutig ein Polaritätsmerkmal auf. Im Leben äußert sich dies darin, dass jegliche Polarität ins Bewusstsein eingedrungen ist und dass sie alles im menschlichen Tun bewusst bestimmt. Die Seele des Menschen, der in der ›8‹ lebt, weiß dann genau, dass die beiden oft unannehmbaren Pole unzertrennlich sind und einander bedingen. Wer sozusagen in der >8< ist, befindet sich auf geistiger Ebene auf dem besten Wege zur Einheit, was Wunsch und Ziel einer jeden Seele ist. Im Rhythmus der Lemniskate können wir dann mit einem »ja, so bin ich« das eigene Leben getrost annehmen. Ich muss den Weg mit allen Nacht- und Schattenseiten durchwandern. Das Wesen der *Nacht* ist eng mit dem Wesen der >*Acht*< verbunden, was sich sogar auf sprachlicher Ebene offenbart. Das Bild der Nacht findet sich interessanterweise auch in einigen anderen Sprachen »verschachtelt« wieder: eight – night (engl.), huit – nuit (franz.), otto – notte (ital.) und octo – noctum (lat.). Im Hebräischen haben die Wörter für *acht* und *Öl* den gleichen Wortstamm שׁ מ נ (Shin-Mem-Nun). Somit verstehen wir besser, dass alle Salbungen mit Öl im Alten und Neuen Testament etwas mit dem heiligen Reich der unsichtbaren Welt zu tun haben. Heilig ist auch das Leben in der >Acht<, denn es bedeutet letztendlich Rhythmus der wechselnden Pole, und das verschafft uns Stärke und Frieden.

Die >**Neun**<: Diese Zahl trägt ihre Qualität direkt im Namen. Die >Neu-n< symbolisiert das *Neu*-werden, die *Neu*-geburt. Der neunte Buchstabe des hebräischen Alphabets ist ט, Teth, was zugleich Gebärmutter bedeutet. Also vom Stadium eines unsichtbaren Chaos zu einem neuen Menschen! Dabei hat die Qualität der >Neun< stets etwas mit dem Verborgenen zu tun. Sie steht dafür, dass das Ende eines Zyklus immer der Anfang eines neuen ist. Ein anschauliches Beispiel stellt das Verhältnis von Raupe und Schmetterling dar. Was des einen Ende ist, ist des anderen Neubeginn.
Für uns Menschen ist die >9< wie ein Schmelztiegel der Transformation, denn Entwicklung wird von der >1< bis zur >9< »erzählt«. Zusammen mit der >1< rahmt die >9< die Zahlen der Erscheinungsformen ein, zwischen ihnen »spielt sich das

Leben ab«. In der ›9‹ wird das noch in der ›1‹ Verborgene durch einen Bewusstseinsgewinn offenbar. Ein Mensch »in der ›9‹« steht vor seiner Gottesgeburt, der ›10‹. Bei seiner Gottesgeburt wird der Lichtkern in ihm freigelegt, und er erlangt das Bewusstsein, dass er göttlich ist. Er weiß, dass das universelle Licht und die universelle Liebe in ihm sind und ihn mit allem verbinden. Und er weiß, dass er sich *wahrhaftig* in der geistigen Welt mit all ihrer Schöpferkraft »etabliert« hat. Allerdings geschieht das nicht einfach so, sondern er muss in ein derartiges Neues »hineinsterben«, sodass er zu etwas Neuem werden kann.

Die ›**Zehn**‹: Jetzt sind wir da: »*Du musst verstehn! Aus Eins mach Zehn*« …. Pythagoras nannte sie eine heilige Zahl. Mit der ›Zehn‹ ist der Zyklus abgeschlossen, die ›10‹ ist eine »reich gefüllte« ›1‹. Mit ihr ist ein neues Bewusstsein entstanden, nachdem zuvor auf anderen Zahlenebenen immer wieder Polaritäten auf *qualitative* Weise im Herzen und im Geist regelrecht bearbeitet wurden. Die ›Zehn‹ stellt zwar wieder so etwas wie eine ›Ein‹heit dar, doch gelangt man zu ihr am Ende einer Reise durch die Vielheit.

Auf einer gewissen Ebene repräsentiert die ›Zehn‹ das Gesetz oder die Ordnung der Welt. Wie im Rhythmus einer Sinusschwingung setzt es sich aus einer unsichtbaren und einer sichtbaren Hälfte zusammen; eine ›5‹ aus der einen und eine ›5‹ aus der anderen Hälfte. Diese »komprimierte Sichtweise« steckt unter anderem auch im altjüdischen Gottesnamen JHWH (mit den Buchstaben Jod-He-Waw-He). Wie auf einem »Spickzettel« ist in ihm in knapper Form die ›10‹ erklärt. Verwenden wir die Zahlen, die in den hebräischen Buchstaben stecken, so ergibt sich für den Gottesnamen die Schreibweise 10-5-6-5. Der Buchstabe *Waw* heißt auch »*und*« und steht für *Verbindung*. Somit spiegelt sich das oben Gesagte in diesem Zahlencode

»>10< = >5< *und* >5<«. Die >Fünf< oder das *Menschsein* in der *sichtbaren Welt* verbunden mit der »anderen« >Fünf< aus einer unsichtbaren Dimension ergibt die >Zehn<.

Es ist interessant zu wissen, dass die Pythagoräer ihre Schüler bei der Einweihung »auf >4< zählen« ließen. Denn wer dies kann, versteht die Welt. Warum? Die Addition von 1 + 2 + 3 + 4 ergibt nicht nur quantitativ 10. Sie verstanden darunter, dass aus dem Urgrund des Seins (>1<) und der Polarität der Erscheinungen (>2<), der dreifachen Wirkung des Geistes (>3<) und der Vierzahl der Materie (>4<) die alles umfassende >10< entsteht, in der auf einer höheren Ebene die Vielheit wieder zur Einheit wird. Ich mag solche kurzen »Formeln« der Weisheit.

Natürlich haben auch die Folgezahlen symbolhaften Charakter, aber für die Arbeit mit den im Anschluss an dieses Kapitel folgenden Bibeltexten bietet die Vorstellung der Zahlenqualitäten >1< bis >10< einen guten Einstieg.

Kain und Abel
oder
Eine drastische Polarität
in uns Menschen

Diese Geschichte über die ungleichen Brüder gehört zu den bekanntesten im Ersten Buch Mose, die Namen Kain und Abel sind vielen Menschen geläufig. Wie ein jeder Bibeltext beschreibt sie das Verhältnis von Gott zu uns Menschen und umgekehrt. Lesen wir »Kain und Abel« als eine Erzählung, die in der Außenwelt spielt, so stoßen wir ja bestimmt recht schnell darauf, dass es um eine brutale Begebenheit geht, wenn auch mit anschließender Reue, nachdem Gott seine Strafregister gezogen hat. Und einmal ganz ehrlich gesprochen: Da finde ich so manche Kriminalgeschichte weitaus interessanter.

Lesen wir die Geschichte von Kain und Abel jedoch als eine Erzählung, die sich in uns abspielt, so erzeugt die Suche nach den beiden Brüdern in uns selbst eine Spannung, die auf einer ganz anderen Ebene als bei jedem Krimi entsteht und uns vielleicht auch für kurze Zeit den Atem anhalten lässt. Es ist nämlich die Spannung, die durch die gegensätzlichen Pole in uns selbst aufgebaut und durch die Qualität der ›Zwei‹ ausgedrückt wird. Als innere Prozessgeschichte symbolisiert »Kain und Abel« unseren inneren Kampf, den ein jeder von uns einmal durchlebt, durchlebt hat oder: noch durchleben muss.

Wenn wir also gleich die Namen der Brüder Kain oder Abel im Text lesen, mögen wir uns daran erinnern, dass sie zwei verschiedene Seiten in uns selbst darstellen, die gleichzeitig existieren. So erspüren wir schnell die polare Struktur unseres Ichs. Es geht mir nicht um irgendeinen Streit zweier Menschen untereinander, sei es aus Neid oder anderen Gründen. Es geht mir einzig und allein um uns selbst, um unsere Seele und damit um unser Verhältnis zum Göttlichen.

>> *Und der Mann schlief mit seiner Frau, sie wurde schwanger und gebar einen Sohn. »Mit Gottes Hilfe«, sagte sie, »habe ich einen Sohn gewonnen.« Und sie nannte ihn Kain. Danach gebar sie Abel, seinen Bruder. Abel war ein Hirte, Kain ein Bauer. Jahre später begab es sich, dass Kain ein Opfer brachte für Gott von den Früchten des Feldes. Auch Abel opferte, und zwar von den erstgeborenen Lämmern seiner Herde und ihrem Fett. Und der Herr sah freundlich auf Abel und seine Gabe, an Kain und seinem Opfer aber sah er vorbei. Da fasste Kain der Zorn, und er starrte erbittert vor sich hin. Da fragte ihn Gott: »Warum bist du zornig? Warum senkst du so finster den Blick? Ist es nicht so? Wenn du recht tust, kannst du den Kopf frei erheben, bist du aber böse, so lauert die Sünde vor der Tür, um dich zu verschlingen. Du aber sollst Herr sein über sie.«* <<

Halten wir hier inne und übertragen den Inhalt dieser Worte in unsere Seelenlandschaft. Der Anfang scheint zunächst etwas zusammenhanglos, zwei Söhne werden geboren, ihre Berufe als Erwachsene werden genannt, und dann gibt es eine Zäsur von mehreren Jahren, bevor es um Opfer und deren Folgen geht. Doch gerade mit jenen ersten Sätzen der Geschichte wird der Grundstein für unsere Eigenbetrachtung gelegt. Denn die Berufe, mit denen Kain und Abel ihren Lebensunterhalt verdienen, haben in diesem Kontext eine weitaus größere Bedeutung: Der Hirte Abel ist der Teil in uns, der sich um unser Seelenheil kümmert, er ist Hüter unserer eigenen Göttlichkeit. Unser »Abel«-Teil versucht stets, die innere Stimme in uns zu finden, die uns mit der geistigen Welt verbindet. Er kommuniziert mit ihr, sodass wir mehr und mehr unser wahres Selbst entdecken. Dieses wahre Selbst – oder anders ausgedrückt: der reine Selbstbezug – sucht die Fülle des Lebens in sich selbst. Ganz anders der Bauer Kain, der den Erdboden beackert und ihn ausbeutet. Das Feld und die Erde stehen hier als Symbol für alles Materielle in unserem Leben. Somit repräsentiert der »Kain«-Teil unseren Anteil, der sein Glück im Materiellen sucht und sich in seinen Dienst stellt. Dieser Part in uns ist mit den sogenannten Egokräften gleichzusetzen, durch die wir unser Heil im Äußeren suchen und mehr oder weniger nur auf den eigenen Vorteil bedacht sind. Im Gegensatz zum Selbstbezug von Abel steht Kain für den reinen Objektbezug in unserem Leben.

Wenden wir uns nun – ausgerüstet mit dem Wissen um die Hirten- und Bauernanteile unseres Selbst – dem aufkommenden Konflikt der Geschichte zu. Beide Brüder brachten Gott Opfer dar, welche unterschiedlich angenommen wurden. Zunächst sollten wir uns die Opfer anschauen, die wir mit unterschiedlichster Qualität in unserem tiefsten Inneren für Gott vorbereiten und gewillt sind, ihm zu geben. Ein Opfer für Gott heißt für mich in diesem Zusammenhang, wie ich mich ihm zurückschenke, der ich seine unendliche Liebe bekomme. Oder anders ausgedrückt: Was mache ich aus dem göttlichen Funken in mir, wie schöpfe ich mein Glück? Nun berichtet uns der Text, *Kain brachte ein Opfer für Gott von den Früchten des Feldes*. Die Früchte des Feldes sind rein materielle Dinge, mit denen sich unsere »Kain«-Kräfte das Glück von Gott erkaufen wollen. Es ist eine Art »Krämerseele« in uns, die nur auf den eigenen Vorteil aus ist. Ich bringe mich Gott nicht näher, indem ich ihm etwas von meinem materiellen Hab und Gut darbringe, ein Objekt sozusagen. Ich bringe mich Gott nur näher, wenn ich nach innen gehe, so wie es die »Abel«-Kräfte in uns wollen! Er opferte auch, *und zwar von den erstgeborenen Lämmern seiner Herde und ihrem Fett*. Abel als Hüter der Gefühle und des Innenlebens schenkt Gott mit seinen erstgeborenen Lämmern und ihrem Fett das Beste von sich, was er hat, nämlich sich und sein gesamtes Wesen. Er ist sich seiner geistigen Kräfte und Strömungen bewusst. Diese innere Haltung äußert sich in seiner Umwelt vielleicht durch die Fähigkeit zur bedingungslosen Liebe sowie durch Demut und Freude beim Tun. Mit derartigen Geschenken unseres Selbst kommen wir Gott näher, denn Abels Gabe sah er gern.

Und einmal ganz ehrlich: Haben wir nicht schon alle irgendwann versucht, unser Glück in materiellen oder anderen äußeren Dingen zu finden? Beispielsweise durch die Jagd nach Geld oder nach Anerkennung Dritter? Wie viele von uns definieren sich und ihr Glück über die Stellung im Berufsleben oder die Macht ihres Amtes? Wenn wir dann von diesem unserem Reichtum abgeben, ohne uns mit dem Empfänger verbunden zu fühlen, dann geht es uns wie Kain mit seinem Opfer. Wir können uns jedoch nur mit anderen Menschen und Dingen verbunden fühlen, wenn wir selbst nach innen blicken und damit unserer »Abel«-Seite Freiheit schenken. Es ist meine feste Überzeugung, dass wir diese Abel-Kain-Polarität in uns haben, und es ist enorm wichtig, sie zu erkennen und mit beiden Anteilen richtig zu leben. Wir müssen mehr und mehr lernen, mit der ›Zwei‹ unseres Menschendaseins umzugehen – der geistigen Qualität jeder Polarität in der diesseitigen Welt. Das heißt aber auch, wir dürfen nicht statisch auf einer Polseite verhaftet sein! Einseitigkeit erzeugt immer eine Schieflage, auch in seelischen Gleichgewichten. So ergeht es nämlich Kain in der Bibelgeschichte. Und Gott schubst ihn quasi mit der Nase darauf, indem er dem zornigen Kain erklärt, dass er nur recht tun müsse, um den Kopf frei zu erheben! Damit ist die Verbindung zur geistigen Welt gemeint, die uns umgibt, und der symbolhafte Ausdruck *den Kopf frei erheben* zeigt schon das Ausgerichtetsein zum Himmel an. Aber Kain verweigert diese Hilfe, ihn verschlingt die Sünde. Sünde steht hier für Sonderung, Trennung von seinem göttlichen Kern.

Was heißt das alles in Bezug auf unsere Gefühls- und Gedankenwelt? Wir suchen unser Glück weiterhin ausschließlich in der materiellen Welt, ja, wir machen uns förmlich von ihr abhängig. Dabei stellen wir jedoch fest – zum größten Teil vielleicht unbewusst –, dass derartige Errungenschaften uns gar nicht glücklich machen, wir im Grunde unglücklich sind. Aber diese Seite in uns ist so mächtig, dass wir nur mit Zorn oder schierer Verzweiflung oder einfach nur Unmut reagieren und agieren können. Und es kann sogar noch weiter gehen, wie wir gleich im Fortgang der biblischen Erzählung sehen werden. Wir schaden uns sehr, indem wir den Zugang zum anderen Pol in uns – unsere »Abel«-Seite – einfach zuschütten. Ja, wir töten sie.

>> *Da sprach Kain zu seinem Bruder Abel: »Lass uns aufs Feld gehen!« Aber als sie auf dem Felde waren, fiel er über seinen Bruder her und schlug ihn tot. Da fragte der Herr den Kain: »Wo ist dein Bruder Abel?« Er sprach: »Was weiß ich? Soll ich meinen Bruder hüten?« Der Herr aber fuhr fort: »Was hast du getan? Hörst du nicht, wie das Blut deines Bruders zu mir von der Erde her schreit? Verflucht seist du, verlassen von der Erde des Ackers, die ihren Mund aufgetan hat, um das Blut deines Bruders zu trinken. Wenn du den Acker bebaust, soll er dir seinen Ertrag verweigern, unstet und flüchtig sollst du sein auf der Erde!« »Meine Strafe ist schwer«, sprach Kain, »ich kann sie nicht tragen. Du verjagst mich vom Ackerland, fern von dir muss ich leben, unstet und flüchtig sein auf der Erde. Wer mich findet, wird mich erschlagen.« Der Herr sprach: »Nein! Wer immer es ist, der Kain erschlägt, siebenfach will ich es rächen.« Ein Zeichen machte Gott an Kains Stirn, damit jeder wusste: Er steht unter dem Schutz Gottes. So ging Kain von Gott weg und wohnte in der Heimatlosigkeit, jenseits von Eden im Osten.* <<

Der weitere Verlauf von »Kain und Abel« ist durch eine immense Dynamik geprägt. Sie führt uns eine Taten- und Gefühlslandschaft vor Augen, die unsere aufgewühlte Seele sehr treffend veranschaulicht. Der zweite Teil dieser Bibelerzählung reicht von der Hilflosigkeit und inneren Gefangenschaft über Qualen, dem Abgestorbensein und den Zeichen der Vergänglichkeit bis hin zur Hoffnung, dass wahre Erlösung immer möglich ist.

Was erzählt uns nun der geschilderte Brudermord? Kain, der Seelenteil in uns, der sich schon recht deutlich für die Außenwelt, also für einen hohen Stellenwert der materiellen Werte und Egokräfte in unserer Welt, entschieden hat, dieser Teil in uns bringt jetzt unsere »Abel«-Stimme, die ja noch da ist und zu uns spricht, zum Schweigen. Kain erschlug Abel, heißt es. Innere Hingabe und Werte sowie Zugang zu unserem göttlichen Kern gibt es nicht mehr! Und kennen wir nicht alle solche Phasen im Leben, in denen wir dachten, wir sind Herr aller Dinge und brauchen nichts Übermenschliches, Überirdisches, Unerklärliches? Oftmals lebte der eine oder andere von uns bestimmt danach, alles begreifen zu können, und vor allem, alles im Griff haben zu können. Wir trachten nur nach Dingen und Werten einer materiell dominierten Welt, wir beuten den Acker aus. Wenn wir nur Kain in unserer Seele regieren lassen wollen, sind wir jedoch Gefangene von uns selbst, die ein schweres Schicksal zu tragen haben. Denn es kommt die Zeit, da wir spüren, dass uns diese Art zu leben immer weniger zum Glück gereicht. Ja, wir erkennen auch die Vergänglichkeit all dessen, auf das wir im Leben gebaut haben, denn Gott der Herr mahnt in der Geschichte »... *Verflucht seist du, verlassen von der Erde des Ackers, die ihren Mund aufgetan hat, um das Blut deines Bruders zu trinken. Wenn du den Acker bebaust, soll er dir seinen Ertrag verweigern, unstet und flüchtig sollst du sein auf der Erde!*«

An dieser Stelle kommt für mich der wahre Wendepunkt der Geschichte. Wenn sich unsere Seele in einem solchen »Kain«-

Zustand befindet, wenn wir innerlich merken, wie ein Strudel uns immer mehr hinabzieht und wir immer unglücklicher werden, unstet und flüchtig, erhalten wir Hilfe von Gott. Wir mögen uns von ihm abgeschnitten haben, er aber nicht von uns! Denn er schenkt uns die Einsicht, dass wir beide Seiten in uns, Abel und Kain, entdecken, akzeptieren und leben müssen. Denn auch die »Kain«-Stimme hat ihre Berechtigung im Chor unserer Gefühle und Emotionen, da der Herr sprach: *»Nein! Wer immer es ist, der Kain erschlägt, siebenfach will ich es rächen.«* Hier wird durch die Zahlenqualität ›7‹ deutlich, dass der rechte Umgang mit Kain und Abel in uns selbst sogar etwas Vollkommenes darstellt. Denn die ›7‹ ist eine heilige Zahl und steht für die Vollkommenheit des Universums, sie verbindet das geistige Prinzip, auch symbolisiert durch die ›3‹, mit dem materiellen Prinzip, das sich in der Zahlenqualität der ›4‹ zum Ausdruck bringt. Um nichts anderes geht es bei »Kain und Abel«: Der Dualismus von Geist und Materie wirkt in uns Gotteskindern, und die heilige ›7‹ zeigt uns hier am Ende dieser Geschichte, dass das Jenseitige ins Diesseitige wirkt. Das Zeichen auf Kains Stirn als Zeichen für den Schutz Gottes ist für mich ein »inneres Zeichen«. Ein Zeichen dient der Erkennung, und wir alle haben die Möglichkeit, die »Kain«- und »Abel«-Pole zu erkennen. Es hilft uns auf dem Weg unserer Reifung zum wahren Menschen, der dann wirklich um die Polarität der ›Zwei‹ in uns weiß und der jederzeit die »Abel«-Stimme sprechen lässt. So verstanden ist das Kainsmal ein Geschenk der Liebe und der Weisheit aus Gotteshand.

Und Gott der Herr macht uns immer wieder das große Geschenk der Hoffnung, wenn wir zu sehr in unserem »Kain«-Gefängnis verhaftet sind, wenn wir jenseits von Eden im Osten sind. Denn der Osten ist der Ort, wo das Licht herkommt und wir dem Licht entgegengehen können.

Drei Männer besuchen Abraham
und
Warum gerade Abraham und Sarah ein Paar waren

Bevor wir uns dieser alttestamentarischen Bibelgeschichte zuwenden und die fundamentale Bedeutung des Abraham- und Sarah-Wesens in uns selbst anhand der Geschichte nach und nach herausstellen werden, soll ein ganz bestimmter Aspekt des Bibelpaares »Abraham und Sarah« beleuchtet werden. Der »Strahler« für diese Beleuchtung ist wieder einmal die zahlensymbolische Aussagekraft der hebräischen Sprache. Eines sei an dieser Stelle gleich vorweggenommen: Der von mir gewählte Untertitel hat nichts mit einer »Beziehungskiste« zu tun, wie man heute vielleicht sagen würde. Vielmehr bewegen wir uns in geistigen Räumen, in denen wir das Wesen von Buchstaben, Namen, Zahlen und Sprache erkennen oder erahnen und miteinander in Beziehung bringen. Die Bedeutung der Namen Abraham und Sarah für unsere eigene innere Menschwerdungsgeschichte wird bei der Erörterung des Textes erläutert werden. Hier in der Einleitung wollen wir uns aber schon einmal einer grundlegenden Beziehung beider Namen zueinander widmen, die einen urtypischen Ausdruck der Göttlichkeit in uns darstellt und uns die Verbundenheit zum Schöpfer erkennen lässt.

Dazu bedienen wir uns der hebräischen Schreibweise der Namen unserer Hauptdarsteller und beginnen mit Abraham. Den Namen »Abraham« schreibt man א ב ר ה ם (Alef-Beth-Resch-He-Mem). In der Zahlenschreibweise lautet er ›1-2-200-5-40‹ mit einem Gesamtwert von ›248‹. Die theosophische Reduktion ergibt ›14‹, worin wir sofort die 1-4-Struktur des

Menschen erkennen. An dieser Stelle ist es wichtig zu wissen, dass im Namen »Abraham« letztendlich die >5< – die Zahl des Menschen – abgebildet ist. Ich hebe die >Fünf< hier hervor, weil sie einen wesentlichen Hinweis auf ein Geheimnis verkörpert, das wir zusammen mit »Sarah« gleich lüften werden. »Sarah« schreibt man nämlich ש ר ה (Schin-Resch-He) oder in der Schreibweise der Zahlen >300-200-5<. Der Gesamtwert ergibt die Zahl >505<. Als ich die Zahlenwerte beider Namen zum ersten Mal in dieser Form wahrgenommen hatte, erfasste mich sogleich eine freudige Unruhe. Denn wiederum erhalten wir einen Hinweis auf die Zahl des Menschen, die >5<, die gleich zweimal im Wert des Namens »Sarah« abgebildet ist! Es ist zunächst nicht verwunderlich, >5<er- Qualitäten in biblischen Namen zu entdecken. Worin soll nun eigentlich ein Geheimnis liegen? Ich konnte es zunächst auch nicht glauben, aber oftmals sind die großen Dinge recht einfach. Es ist schlichtweg die Tatsache, wie häufig die Zahlenqualität der >5< in den Namen Abraham und Sarah vorkommt! Zum einen steckt in beiden Namen jeweils die >5< als Symbol des Menschen und bildet den Bezug zu ihm. Zum anderen steht das Paar »Abraham und Sarah« für die Abbildung des männlichen (→ einmal die >5<) und des weiblichen (→ zweimal die >5<) Uraspekts in uns Menschen. Beide Namen enthalten in ihrem Kern grundlegende Wesensaspekte der >1< und der >2<, wie sie in uns Menschen angelegt sind, und lassen die Abbildung »Gott des Vaters« in uns erkennen. Abraham und Sarah fügen zahlensymbolisch den Namen VATER zusammen, wir müssen nur beide als Zahlenwort >1-2< geschrieben sehen. ב א (Alef-Beth) heißt »Vater« und ist ebenso Bestandteil des Namens »Abraham«, worauf wir im Laufe der eigentlichen Geschichte noch eingehen werden. Das Paar »Abraham und Sarah« bildet die >1-2<-Achse und ist tief verwurzelt in uns eine Manifestation des VATERS. Wahrhaftig eine göttliche Synthese, ein Ausdruck des Himmlischen und Irdischen! Staunend und ehrfürchtig erkannte ich dies, und für mich war klar: Nur Abraham und Sarah waren füreinander geschaffen.

Die Geschichte von »Abraham und den drei Männern« soll sogleich erzählt werden, worauf wir dann wieder einmal mit großer Spannung in unseren Seelengrund eintauchen können. Zuvor möchte ich jedoch etwas Elementares erwähnen, auch wenn ich mich dabei wiederhole. Es ist für den hier in diesem Buch aufgezeigten Umgang mit der Bibel einfach zu wichtig. Wir müssen uns immer wieder ins Bewusstsein rufen, dass alle in Bibeltexten vorkommenden Menschen und Ereignisse Darsteller beziehungsweise Einstellungen auf unserer Seelenbühne sind. Sie repräsentieren Anteile von uns und in uns, die bei jedem Menschen unterschiedliche Qualitäten und Ausprägungen haben sowie verschiedenen Ebenen zugeordnet sind. Nach diesem kurzen Vorwort möchte ich auf den ersten Satz der Geschichte aufmerksam machen. Er offenbart schon Abrahams Begegnung mit Gott, was somit auch die Begegnung eines bestimmten Seelenanteils von uns mit Gott beinhaltet. Von Beginn an soll uns klargemacht werden, dass Gott in uns ist und wir in Gott. Wir sind fest eingewoben in das Lichtnetz des unteilbaren ewigen Seins.

>> *Während Abraham bei den Eichen von Mamre an einem heißen Mittag im Eingang seines Zelts ruhte, erschien ihm Gott. Als er die Augen aufhob, erblickte er drei Männer – sie standen schon nahe bei ihm –, und da er sie sah, lief er ihnen vor der Zelttür entgegen und sprach: »Meine Herren, habe ich Gunst gefunden in euren Augen, so geht nicht an eurem Knecht vorüber. Wasser soll man euch geben, um die Füße zu waschen, und ruhen mögt ihr hier unter dem Baum. Ich will einen Bissen Brot holen, damit ihr euch stärkt. Dann mögt ihr weitergehen. Denn darum führte*

euch euer Weg an eurem Knecht vorbei.« Sie sprachen: »Es ist gut, tu, wie du gesagt hast.« Da eilte Abraham ins Zelt zu Sarah und sprach: »Schnell! Drei Maß Mehl! Feinmehl! Knete und mache Kuchen!« Dann lief Abraham zu den Rindern, holte ein zartes und schönes Kalb und gab es dem Knecht. »Schnell, bereite es zu!« Dann holte er Sahne und Milch und das geschlachtete Kalb, bereitete den Männern das Mahl und wartete ihnen, während sie aßen, unter dem Baume auf.

Danach fragten sie ihn: »Wo ist Sarah, deine Frau?« Er gab zur Antwort: »Hier ist sie – im Zelt!« Da fuhr der Gast fort: »Was ich sage, ist wahr: Um diese Zeit übers Jahr will ich wiederkommen, und Sarah hat einen Sohn!« Sarah horchte indessen hinter ihm am Eingang des Zelts. Abraham jedoch und Sarah standen in hohem Alter, und es ging Sarah nicht mehr nach der Weise der Frauen. So lachte denn Sarah in sich hinein und dachte: »Nun, da ich welk bin, soll ich Liebeslust genießen, während mein Mann ein Greis ist!« Da fragte Gott: »Warum hat Sarah gelacht? Warum denkt sie: ‚Wie soll ich gebären, da ich alt bin?' Gibt es etwas, was Gott unmöglich wäre? Um diese Zeit übers Jahr will ich wiederkommen, und Sarah hat einen Sohn.« Doch Sarah leugnete: »Ich habe nicht gelacht!« Denn ihr war bange. Zuletzt erhoben sich die Männer, verließen den Ort und wandten sich Sodom zu, und Abraham ging mit ihnen und begleitete sie.

Auf dem Wege dachte der Gast, der Gott selbst war: »Ich kann Abraham nicht verhehlen, was ich tun will. Er soll ja zu einem großen und starken Volk werden, und alle Völker sollen durch ihn meinen Segen empfangen. Ich habe ihn erwählt. Er soll seinen Kindern und allen seinen Nachkommen zeigen, was mein Wille ist. Gerechtigkeit sollen sie einhalten und Recht, damit ich sie führen, schützen und segnen kann, wie ich Abraham versprochen habe.«

Gott aber vergaß Sarah nicht, sondern erfüllte sein Versprechen. Sie wurde schwanger und gebar dem Abraham trotz seines hohen Alters einen Sohn, und Abraham nannte den Sohn, den ihm Sarah geboren hatte, Isaak. Als Isaak geboren wurde, war Abraham hundert Jahre alt. Und Sarah sprach: »Ein Lachen hat mir Gott geschenkt! Jeder, der davon hört, wird lachen. Wer hätte je dem Abraham gesagt: Sarah stillt ein Kind! Und nun habe ich ihm in seinem Alter einen Sohn geboren.« Das Kind gedieh, und am Tage, da es der Brust seiner Mutter entwöhnt war, feierte Abraham ein großes Fest. <<

»Unrealistisch mit Happy End« würden wir diese Story vielleicht nennen, wenn wir diese Bibelgeschichte nur als den Tatsachenbericht einer Begebenheit in der äußeren Welt ansehen. Aber wir wissen auch, dass es sich anders verhält. Dazu schwingen wir uns in die »erspürte« Realität der Seele ein, indem wir uns anhand der Namens- und Zahlensymbole die Frage nach der Beschaffenheit der Seele in diesem Stück stellen. In welchem Zustand befindet sich unsere Seele in dieser Geschichte oder anders ausgedrückt: Welcher Raum in unserem unendlichen Seelengebäude wird gerade beschrieben?

Gleich zu Beginn erfahren wir, dass Abraham sich bei Mamre befindet, dass es heiß war und dass er *im Eingang seines Zelts ruhte*. Das Zelt spielt in der ganzen Erzählung immer wieder eine Schlüsselrolle bei der Beschreibung des inneren Standorts. Fünfmal wird »Zelt« als Wort oder Wortteil gebraucht und Wiederholungen in Bibelgeschichten zeugen immer von einer Bedeutung und Wichtigkeit. Es passt auch gleich im ersten Satz zu den anderen »Befindlichkeiten«. Das »Zelt« können wir mit »Haus« gleichsetzen. »Haus« heißt im Hebräischen Beth und wird mit dem zweiten Buchstaben des Alphabets ב ausgedrückt. ב ist gleichbedeutend mit der Zahl >2< und dessen Qualität. Der »Abraham«-Teil von uns steckt also an dieser

Stelle in unserem Seelengebäude in der Welt der Polarität, des Zwiespalts und lebt vollständig in der materiellen Welt, was durch Abrahams präzise Lokalisierung zum Ausdruck gebracht wird. Er ruhte ja im »Eingang« seines Hauses und Eingang beziehungsweise »Tür« oder »Tor« heißt Daleth ד. Der Buchstabe ד ist zugleich das Zahlwort für vier. Die Qualität der >4< drückt ja stets aus, dass wir ganz im Irdischen verhaftet und dem Materiellen zugewandt sind. Wir reiben uns in der Alltagswelt mit ihren materiellen Maßstäben auf, ohne eine Verbindung zu unserer eigenen inneren göttlichen Kraft zu haben. Diese Deutung wird noch durch den folgenden bildhaften Vergleich bekräftigt. »Sich unter einem Zeltdach befinden« heißt einfach, im Inneren begrenzt und eingeschlossen zu sein, und vor allem: getrennt vom Himmel. Unterstrichen wird die Vorherrschaft von >2< und >4< zu Beginn der Erzählung noch durch die Ortsangabe sowie die äußeren Umstände. »Mamre« steht für Betrübnis, Bitterkeit und Verdruss und ebenso für Kinderlosigkeit, was im zweiten Teil der Geschichte wichtig werden wird. Die ersten drei Attribute der seelischen Befindlichkeit zielen eindeutig auf die »Spaltung« der >2<. Die Angabe der Hitze im ersten Satz gehört zur Qualität der >4< und symbolisiert die Härte des Alltags.

Nach der eher »nüchternen« Beschreibung der Situation, in der sich unserer »Abraham«-Teil befindet (*Während Abraham bei den Eichen von Mamre an einem heißen Mittag im Eingang seines Zelts ruhte*), erfahren wir gleich am Anfang etwas Wunderbares: Gott erschien ihm! Was sich zahlensymbolisch schon im Namen »Abraham« (>1-4<-Beziehung) abzeichnet – die Verbindung des Irdischen mit dem Göttlichen ist ja schon durch die Buchstaben »angelegt« –, wird uns mit dem ersten Satz der Geschichte auch mit Worten »erzählt«. Abraham wird uns hier halt sehr symbolhaft vorgestellt. Das Leben und die Anwendung der >1-4<-Beziehung in unserem hiesigen Dasein auf Mutter Erde ist für mich nach tiefer Überzeugung der Ausdruck einer bewussten »Menschwerdung«. Wer diese Verbindung in sich und dem eigenen Leben sowie Erleben wahrnimmt, ist die ›5‹, der Mensch. Neben dieser eher »realen« Zahlen- oder auch »Lebens«qualität begegnen wir im zweiten Satz der Bibelgeschichte sogleich einer anderen essenziellen »Lebenszahl«, der ›3‹. Sie enthält den alles bestimmenden »Dreischritt« des Lebens. Es kommen nämlich drei Männer vorbei, von denen einer Gott selbst ist. Die Qualität der ›Drei‹ basiert auf einem rein geistigen Prinzip, wir können sie erfahren, aber nicht »anfassen«. Unter dem ›Drei‹schritt des Lebens verstehe ich die Komponenten Wahrnehmung, Entscheidung und Konsequenz. Jeder Augenblick meines Lebens gründet auf der Tatsache, dass ich etwas wahrnehme und mich dann entscheide, was ich tun oder wie ich das Wahrgenommene bewerten soll. Schließlich resultiert unweigerlich daraus eine Konsequenz, ein neuer Lebensmoment ist geschaffen, ich erlebe etwas Neues. Allerdings machen wir Menschen uns dieses Muster wahrscheinlich nie so richtig bewusst und denken eher, dass die Augenblicke unseres Lebens »einfach so entstehen«. Dabei liegt in der ›3‹ das Geheimnis des Hier und Jetzt sowie unserer eigenen Schöpferkraft. Die ›3‹ überwindet die Polarität, d. h. die Spannung der ›2‹. Man sagt auch, die ›1‹ sei in der ›3‹ und umgekehrt, die ›3‹ in der ›1‹. Damit ist gemeint, dass die Qualität der ›3‹ die hinter der Polarität stehende Einheit ist. Die Chinesen nennen sie das Tao, welches der ›Eins‹ und der ›Drei‹ entspricht. Das Tao umfasst beide Pole, es enthält Yin und Yang und ist seinerseits in beiden. Für mich ist es enorm wichtig zu wissen, dass das gesamte menschliche Leben und alle Aussagen der Bibel, Mythen und Märchen nur den einen Sinn haben: die Polaritäten des Lebens zur ›Drei‹ zu fügen, um auf diese Weise zur Freude, zum inneren Frieden, zur Liebe und zum Licht zu gelangen. Mit diesem Wissen fühle ich mich reich beschenkt! Im übertragenen Sinne steht die Qualität der >Drei< für Befreiung, Erlösung, Frieden und Liebe zu mir selbst (s. auch Kap. »Die hebräische Zahlensymbolik«).

Daher möchte ich mich für diese wichtige Qualität bewusst und immer häufiger öffnen und so meine Lebensqualität verbessern. Sie wird uns durch das Erscheinen der drei Männer nahegebracht. Das Spannende bei einem solchen Hinweis auf eine derart elementare Symbolik wie die der >Drei< ist sehr oft die Tatsache, dass sie direkt oder indirekt durch weitere Angaben unterstrichen und somit verstärkt wird. So auch hier: Abraham betont Sarah gegenüber ausdrücklich, sie solle >drei< Maß Mehl nehmen, und er selbst holte >drei< weitere Gaben für die >drei< Gäste: Sahne, Milch und das geschlachtete Kalb. Weiterhin werden folgende >drei< wichtige und mit viel Symbolkraft ausgestattete Dinge genannt: Wasser, Baum und Brot (*Wasser soll man euch geben, um die Füße zu waschen, und ruhen mögt ihr hier unter dem Baum. Ich will einen Bissen Brot holen, damit ihr euch stärkt.*). Diese »Entdeckungen« finde ich sehr interessant, zumal uns nicht nur die jeweiligen Zahlenangaben und ihre daraus resultierenden Qualitäten etwas er»zählen«, sondern die hier genannten Begriffe enthalten versteckt Bedeutungen, die für den Charakter des biblischen Textes und dessen Essenz von enormer Wichtigkeit sind. Sie drücken symbolhaft aus, worum es in der Geschichte und worum es unserer Seele geht. Denn »Wasser« gibt uns immer einen Hinweis auf unseren Alltag oder allgemein auf den Fluss unseres Lebens. Die »Rinder« und das »Kalb« stehen einheitlich für unsere Gefühle. Und wenn wir »Sahne« oder »Milch« abgeben, so bedeutet dies im übertragenen Sinne stets, dass wir das Beste von uns selbst geben, das aus unserem Inneren stammt und nichts Materielles darstellt. Bei den Begriffen »Brot« und »Baum« bedarf es einiger weiterer Erläuterungen:

Das »Brot« stellt als Metapher das Leben an sich dar, so wie wir es bewusst annehmen und leben sollen. Das ist mit »Brot essen« gemeint, wobei wir es zuvor »im Backofen« immer mit inneren Wandlungsprozessen zu tun haben. Ich vergleiche das Bild des »Brotes« auch gerne mit den »Früchten des Lebens«, die als innerer Reichtum in jedem von uns »gedeihen«. Sie stammen aus den transformierten Widrigkeiten, Zwängen, Begrenzungen, Ängsten und so weiter – unseren inneren Feinden halt. Letzteres kommt so schön in einem meiner Lieblingsgebete zum Ausdruck, der entsprechende Vers lautet: »Herr, es ist Dein Sieg, durch den ich meine Schwächen, Bindungen, Ängste und Wünsche überwinde, und Deine Herrlichkeit, durch die ich meine Gedanken verwandle, veredle und erhebe zu Dir und Deinem Werke.« Auch der bekannte Hirtenpsalm Nr. 23 spricht bildhaft davon: »Du deckst mir den Tisch vor den Augen meiner Feinde.« Ist es nicht fantastisch, was mit »Brot« in den biblischen Geschichten auf einer allumfassenden Ebene gesagt, angedeutet oder offenbart werden kann?

Was verbirgt sich nun hinter dem »Baum«? Er gilt unter anderem als Symbol des Menschen und steht ebenfalls bildhaft für die Seele, unsere ewige Verbindung zum Göttlichen. Mit der Aussagekraft des Baumes eng verknüpft ist auch wiederum die Zahlenqualität der ›Drei‹. Denn die wesentlichen Merkmale eines Baumes sind die Wurzel, der Stamm und die Baumkrone. Übertragen auf das Menschsein verweist uns dieser dreiteilige »Aufbau« auf bestimmte Aspekte der Verbindung von uns Menschen, die wir in dieser materiellen, gegenständlichen, irdischen Welt leben, zur unsichtbaren himmlischen und geistigen Welt und zu Gott. Dabei symbolisiert die Wurzel unsere Verankerung in der unsichtbaren Welt. Sie liegt ja wirklich unter der Erdoberfläche im Verborgenen. Die Krone steht für unsere Entwicklung und Entfaltung in der sichtbaren Welt, in der wir hier und jetzt leben. Und tatsächlich schauen wir meistens auf die Baumkronen, wenn wir einzelne Bäume oder einen Wald erblicken. Die Kronen reflektieren Zyklen und Geschehnisse unseres Daseins, sie zeigen uns üppigen Wuchs oder die kahlen Äste eines kranken Baumes. Wir sehen in den Kronen der Bäume das Ergrünen und Blühen der Blätter sowie die Verwandlung im Herbst und das Absterben. Der Baumstamm verbindet nun die beiden Aspekte »Wurzel« und »Krone« und sorgt für den nötigen Austausch zwischen ihnen in unserem Leben. Durch den Stamm werden wir wirklich zum »Menschen zwischen Himmel und Erde«.

Nach diesen doch recht zahlreichen Deutungen zum ersten Geschichtsabschnitt, die ich bisher beschrieben und auf unser Inneres transferiert habe, ist an dieser Stelle vorzugsweise ein kurzer Einhalt geboten, um wieder eine gute Übersicht zu erlangen und den Leitfaden der gesamten Bibelerzählung im Auge zu behalten. Der gesamte erste Abschnitt stellt für mich quasi eine »Einleitung« dar. Eine Einleitung, wie sie zusammen mit einem »Hauptteil« und einem »Schluss« halt zu einer Erzählung gehören. Und da haben wir wieder eine >Drei<, denn diese Geschichte besitzt wirklich einen derartigen dreigliedrigen Aufbau. Nur möchte ich »Einleitung« lieber durch »Einstimmung« ersetzen. Im ersten Abschnitt werden wir nämlich auf verschiedene mögliche Seelenzustände eingestimmt, wobei der »Abraham«-Anteil in uns mit seiner Verbindung zur göttlichen Kraft deutlich im Vordergrund steht. Alles dreht sich um das mit Gott verbundene Leben, den Lebensgesetzen der >3<, die >1-4<-Beziehung (Letzteres abgeleitet aus dem zahlensymbolischen Wert des Namens »Abraham«) und die daraus resultierende wahre Menschwerdung. Unser »Abraham«-Teil entwickelt sich förmlich dahin. Während Abraham anfangs noch nahe der >2<.(= Zelt) ruhte, wartete er am Ende des ersten Abschnitts den drei Männern unter der >3< (= Baum) auf. Dagegen tritt unser »Sarah«-Anteil hier noch nicht so in Erscheinung, was sich jedoch gleich im zweiten Abschnitt, im

»Hauptteil« der Geschichte, ändern wird. Wir haben somit viele Symbole kennengelernt sowie von verschiedenen Aspekten und Zuständen unserer Seele gehört und erfahren: Gott ist von Anfang an da!

Im zweiten Abschnitt der biblischen »Drei-Männer-Geschichte« wird unser Augenmerk verstärkt auf den »Sarah«-Anteil unserer Seele gelenkt. In meiner Einführung habe ich bereits auf den verborgenen >2<-Charakter des Namens »Sarah« hingewiesen, wie er auf einer ganz bestimmten Geistesebene existiert. Nun bringt uns der Inhalt des Hauptteils die >2<er-Anteile mehr und mehr in bild- und wie immer auch in symbolhafter Weise näher. Sie befindet sich im Zelt und über dessen Bedeutung habe ich schon auf den vorangegangenen Seiten geschrieben. Das »im Zelt sein« verstärkt die zum Ausdruck gebrachten Aspekte der >Zwei< deutlich. Der von mir als »Hauptteil« deklarierte Textabschnitt führt uns auf sehr bildhafte Weise die innere Auseinandersetzung mit einem starken >Zwei<fel vor Augen. Der in uns angelegte und allein auf irdischen Maßstäben beruhende Zweifelanteil bekommt mit der Prophezeiung von Sarahs Schwangerschaft etwas Unmögliches, ja sogar etwas Unvorstellbares vorgesetzt. Seelisch gesehen befinden wir uns in der Nähe von Mamre, also der »Kinderlosigkeit« oder hier zutreffender der absoluten Hoffnungslosigkeit. Und wir sollen im übertragenden Sinne an die Erlösung, nämlich die Geburt eines Sohnes, glauben? »Das kann nicht sein«, flüstert uns unser »Sarah«-Anteil zu. Und die Kraft und Macht dieser Befindlichkeit kann stark und verheerend sein. Nicht umsonst heißt Sarah wörtlich übersetzt »Fürstin« oder »Herrin«, womit hier klar die Herrschaft irdischer Aspekte, Denk- und Handlungsweisen zum Ausdruck kommt. Jeder von uns kennt bestimmt Lebenssituationen, die von Zweifel, Unglaube, heftigem Bedenken bis hin zur Ver-

zweiflung geprägt waren oder sind. Dann kann man nicht so einfach auf Glauben und Vertrauen »umschalten«. Selbst wenn es gelingt, auf die eigene innere Stimme zu horchen, keimt immer wieder Angst auf. Im Text heißt es ganz schlicht: *Denn ihr war bange*. Ich drücke es einmal sehr salopp aus: Mit unserem »Sarah«-Anteil alleine würden wir die »Kurve nicht kriegen«. Es bedarf eines Wechselspiels zwischen unseren inneren männlichen »Abraham«- und weiblichen »Sarah«-Teilen. Der eine reflektiert die Verbindung zur geistigen Welt, während der andere das Irdische verkörpert. Ich habe einmal folgenden Satz gehört, der diese Symbiose treffend beschreibt: »Die Weiblichkeit Gottes bringt die Welt in die Stofflichkeit, damit die Welt zurück zum göttlichen Geist geführt werden kann.« Schauen wir nun, wie die »Sarah«- und »Abraham«-Aspekte dies schaffen. Zuvor möchte ich jedoch noch auf etwas Besonderes hinweisen. Wir wissen bereits, dass in der Bibel nichts zufällig geschrieben steht; alles hat seinen Platz und seinen tieferen Sinn. Im Hauptteil wird dreimal im Zusammenhang mit Sarah das Verb »lachen« erwähnt. Diese Tatsache kann sicherlich zahlensymbolisch oder psychologisch gedeutet werden – im Sinne eines verstörten oder verzweifelten Lachens beispielsweise –, aber darauf möchte ich nicht näher eingehen. Vielmehr sehe ich hiermit ein weiteres Zeichen für die den biblischen Texten eigene systematische Struktur. Denn das Lachen findet seine wahre Kulmination im letzten Abschnitt und es wird bereits hier in Sarah angelegt.

Zunächst betreten jedoch Abraham und die drei Männer wieder die Bühne. Eindeutig und unzweifelhaft wird Abrahams Verbindung zu Gott hervorgehoben. Zahlensymbolisch steht sein Name mit der >1-4<-Struktur für den bewussten Menschen. Er repräsentiert den Teil unseres Selbst, der mit Gott verbunden ist. Er empfängt seinen Segen und weiß etwas mit »Gottes Wille« anzufangen. Wenn hier von »Recht«

und »Gerechtigkeit« die Rede ist, so sind dies Platzhalter für menschliche Eigenschaften, mit denen wir die Verknüpfung, die Rückkehr zur unendlichen Liebe und Kraft in der unsichtbaren Welt und in unseren Herzen suchen und durchführen. Wir dürfen an dieser Textstelle diese Begriffe nicht mit unseren gesellschaftlichen und juristischen Hintergründen vergleichen; das ist nicht gemeint. So möchte ich denn auch noch einmal auf einen bestimmten Vers aus dem Hirtenpsalm verweisen, der genau auf den Sinn abhebt, wie er in der Abraham-Geschichte ausgedrückt werden soll: »Er leitet mich auf rechten Pfaden, treu seinem Namen.«

Der hebräische Name Abraham bedeutet »Vater der vielen« oder »Vater der Menge« und ist der erste Stammvater der Israeliten. In uns selbst ist Abraham die Wurzel unserer Verbindung zu Gott.

Die gesamten Teile dieser bisherigen Innengeschichte dienen als Vorbereitung für den Schluss der Geschichte, zu dem wir nun kommen. Sie waren notwendig, sodass jetzt die ›Drei‹ Einzug halten kann. Im äußeren Teil der biblischen Erzählung wird dies so ausgedrückt, sie erfüllt sich auf folgende Weise: *Gott aber vergaß Sarah nicht, sondern erfüllte sein Versprechen. Sie wurde schwanger und gebar dem Abraham trotz seines hohen Alters einen Sohn ...* Wahrhaftiger und lebendiger kann ein Bild für die ›3‹ nicht sein als die Paarung »Vater – Mutter – Kind«! Mit der Geburt Isaaks wird die ›3‹ wahr. Über ihre Qualität habe ich im Zusammenhang mit der Symbolik des Baumes geschrieben; hier möchte ich noch gerne einige weitere Entsprechungen für das Eintreffen der ›3‹ als Überwindung der ›2‹ angeben: *Leben – Tod – Auferstehung / These – Antithese – Synthese / Segnung – Feindschaft – Friede / Stärke – Angst – Vertrauen / Licht – Regen – Regenbogen*. Diese Beispiele stellen nur einen Teil der Möglichkeiten dar. Doch zurück zur Geschichte.

Was will sie uns in Bezug auf unser Innerstes mitteilen, hier am Ende einer quasi symbolischen ›1-2-3‹-»Qualitätsreihe«, die wie ein Leitfaden durch sie hindurchging?

Wenn wir bewusst über unsere Seele die Verbindung zur universellen Einheit herstellen – sei es in der Stille unseres Herzens, der Meditation oder im Gebet – und uns auf diese Weise das göttliche Licht als Urkraft und Ursubstanz des Lebens vergegenwärtigen, so können wir die ›Zwei‹ überwinden und in die ›Drei‹ gelangen. Das repräsentiert auch sogleich einen weiteren inneren Entwicklungsschritt, bei dem das Licht der Liebe in unseren Herzen die Seele wachsen und gedeihen lässt. Es gilt immer wieder, den Zustand der ›Zwei‹ in unserem Leben als bewusster Mensch zu erkennen und Entscheidungen zu treffen. Tun wir dies in inniger Verbindung zur unsichtbaren geistigen Welt, so werden wir den Zustand der ›Drei‹ erreichen. Wann? Nun, das steht auf einem anderen Blatt. Es handelt sich stets um einen Entwicklungsprozess, dessen Plan auf anderer Seelenebene skizziert ist. Man kann nicht einfach einen Schalter umlegen und landet in der Erlösung. So funktioniert es bei keinem Menschen. Aber den »rechten« Weg wählen, ein »Gerechter« sein, so wie Gott es in dieser Geschichte von Abraham will, gibt uns ein Rezept in die Hand, das wir zum glücklich werden brauchen. Mit dieser Ausrüstung können wir uns getrost auf den Weg machen und werden unsere Lebenslagen der ›Zwei‹ auch überwinden. Das will uns diese schöne Bibelgeschichte sagen und noch viel mehr. Sind wir auch noch so verzweifelt, stecken wir beispielsweise in großem Zweifel derart fest, dass wir nicht mehr ein noch aus wissen, so hilft uns nur das absolute Wissen, dass wir immer und auch in einer solchen Lage von Liebe und der Einheit umgeben sind. Allerdings ist eine derartige Haltung und ein solches Denken und Empfinden das Schwierige im Leben eines jeden Menschen. Aber es ist auch ein universelles Gesetz und … funktioniert.

Der dritte und damit der Schlussteil hat es wirklich in sich und bringt weitere Überraschungen: »*... und Abraham nannte den Sohn, den ihm Sarah geboren hatte, Isaak.*« Abraham als Stellvertreter für die >1< in dieser Erzählung gibt dem Sohn, der >3<, den Namen »Isaak« ק ח צ י (Jod-Zade-Cheth-Kof). Dies heißt übersetzt »lachen« sowie »das Lachen«. Ist das nicht wunderbar? Mit der erlösenden >3< kommt das Lachen! Und hier endet der Bogen, der sich über die ganze Geschichte spannt. Angefangen haben wir mit unserem Seelenzustand »Mamre«. Es steht für Bitterkeit, Verdruss und Kinderlosigkeit, was im übertragenen Sinne die weite Entfernung vom inneren Zustand der >3< bedeutet. Am Ende sind wir nun bei einem Seelenbild der >3<, einem Lachen, angekommen. Dies stellt eine totale Umkehr zu Mamre dar. Ich empfinde eine solche Symbolik und den miteinander verbundenen Erzählungsaufbau überwältigend.

Zum Thema »Lachen« möchte ich gerne Folgendes anmerken: Kürzlich sah ich eine Fernsehwerbung, in der es hieß, lachen entspannt (→ symbolisiert die >3<) und ist gesund und es werden nahezu 300 Muskeln bewegt. Erst beim Aufschreiben dieses Spots ist mir aufgefallen, dass durch die Nennung der 300! Muskeln die >3< auch äußerlich Einzug gehalten hat. Für mich ist dies bemerkenswert.

Bemerkenswert und bei Betrachtung ausschließlich äußerer Umstände unglaublich ist auch der Satz: *Als Isaak geboren wurde, war Abraham hundert Jahre alt.* Sicherlich geht es hier nicht um das Hervorheben von Abrahams Manneskraft. Vielmehr werden wir Zeuge einer weiteren zahlensymbolischen Aussage und Besonderheit. >100< als Zahlenqualität stellt eine »große« >1< dar und vollzieht sich somit auf einer anderen geistigen und seelischen Ebene. Und es ist wiederum kein Zufall, dass Abrahams Alter an dieser Stelle, im Erzählabschnitt der >3<, erwähnt wird. Es soll uns sagen, dass die Qualitäten der

>1< und der >3< zusammengehören und dass sie einander bedingen. Die >Drei< in der >Eins< und die >Eins< in der >Drei< ist unser aller Seele Reifungs- und Entwicklungsweg.

Diese Geschichte aus dem alten Testament mit den Protagonisten Abraham und Sarah, mit den drei Männern als »Nebendarsteller« und schließlich mit dem überraschenden Erscheinen des Sohnes Isaak, der ja neben Abraham als ein weiterer Stammvater der Israeliten gilt, gibt wahrlich tiefe Einblicke in unsere innerste Seelenlandschaft. Und dies alles in der Ausprägung urtypischer Bilder wie des männlichen und weiblichen Anteils in uns Menschen und der geistigen und irdischen Sphären des Universums. Anhand elementarer Bausteine aus der Welt der hebräischen Sprache und der Zahlensymbolik hat sie uns auch wesentliche Zusammenhänge nahegebracht. Für mich ist allein diese biblische Erzählung ein Basiswerk für das Vorhaben der Menschwerdung. Welche Fülle bietet dann erst die gesamte Bibel! Es erstaunt mich immer wieder.

Die Kundschafter – vierzig Jahre in der Wüste
oder
Vertraue ich absolut und grenzenlos auf die göttliche Führung in meinem Leben?

Diese Geschichte über die Kundschafter des Volkes Israel aus dem Vierten Buch Mose handelt von einer mehrschichtigen spirituellen Entwicklung des Menschen und erzählt auf sehr urtypische und grundsätzliche Weise von unserer Beziehung zu Gott und umgekehrt. Diese Grundsätzlichkeit ist meines Erachtens ein Kennzeichen der meisten alttestamentarischen Erzählungen. Und diese hier ist im wahrsten Sinne des Wortes eine Er»zähl«ung, es kommen viele bedeutungsvolle Zahlen sowie Namen darin vor. Nun, derart verhält es sich ja mit jeder Bibelgeschichte, so auch mit dieser, und zwar in einer sehr geballten Form. Die in den Texten verwendete Symbolik klärt uns immer wieder auf eine teilweise bezaubernde Art über unsere ureigenen inneren Entwicklungen und Prozesse auf.

Der eigentlichen Erkundung der »Kundschafter-Geschichte« möchte ich hier in der Einleitung etwas voranstellen, was ich den Rahmen der Handlung nenne. Das Volk Israel unter der Führung von Mose und seines Bruders Aaron ist aus Ägypten ausgezogen und auf dem Weg durch die Wüste zum von Gott verheißenen gelobten Land Kanaan. Diese Reise steht als Bild für eine der großartigsten Reifungsprozesse unserer seelischen Entwicklung, bei dem es um die Rückverbindung des Menschen zur göttlichen Einheit, der ›Eins‹, und damit letztendlich um das Entwicklungsziel der gesamten Menschheit geht. Wir leben in der Welt der ›Zwei‹, einer Welt der

Polaritäten, die wir mit unseren Sinnen erfassen und mit unserem Geist beherrschen wollen. Dabei merken wir oft noch nicht einmal, dass wir es sind, die beherrscht werden und somit Gefangene unserer selbst sind. Dieser Zustand in uns selbst und in unserem äußeren Leben wird als »Ägypten« bezeichnet. Ägypten wird im Hebräischen »Mizrajim« genannt und in der Zahlenschreibweise >40-90-200-10-40< geschrieben. Der Gesamtzahlenwert beträgt >380<. Das Gelobte Land »Kanaan« steht für die kommende Welt jenseits unserer Erfahrungswelt, in der wir die Gesetze der Polarität hinter uns lassen. »Kanaan« schreibt sich >20-50-70-50< mit einem Gesamtwert von >190<. Wir sehen, dass die Wanderung und damit der Entwicklungsweg von Ägypten (380) nach Kanaan (190) auch zahlensymbolisch von der >2< zur >1< musterhaft zum Ausdruck kommt. Zusätzlich finden wir dieses Muster auch in zwei Jahresangaben, die Mose betreffen. Er ist 80 Jahre alt, als er Ägypten, die >2<, verlässt, und wandert 40 Jahre durch die Wüste. Somit entdecken wir wieder das zahlenbezogene Merkmal von der >2< zur >1<. Auf die Bedeutung der Wüste und was es mit den vierzig Jahren auf sich hat, werde ich später bei der Analyse der Erzählung eingehen sowie den Kontext erläutern. Die »Reise« des Volkes Israel durch die Wüste von der >2< zur >1< kann auch als der Übergang vom siebten auf den achten Tag gesehen werden, wobei der achte Tag nicht mehr von dieser Welt ist. Er ist vergleichbar mit »Kanaan«, der >1<, das die Kundschafter erkunden sollen. Die >7< steht am Ende des Schöpfungsberichts. Sie symbolisiert etwas Vollkommenes zwischen Himmel und Erde. Wenn wir als Mensch in der >7< sind, erlangen wir eine absolute Erkenntnis unserer selbst. Wir kommen in ein höheres Bewusstsein und es geht um die Erfüllung all dessen, was wir bisher erschaffen haben. An dieser Stelle möchte ich gerne anmerken, dass es nach meinem Wissen keine Beschreibungen, keine passenden Worte aus dem Fundus unserer Terminologie gibt, die uns die rein geistige kommende Welt verdeutlichen könnten. Bilder, wie sie sonst unser diesseitiges Leben bestimmen, gibt es nicht. Das reine Sein kann uns nicht vor Augen geführt werden. Ich habe mich schon vielmals mit diesem Thema beschäftigt, meist, indem ich entsprechende Lektüre las, und bin zu folgender persönlichen Überzeugung gelangt: Ein jeder von uns muss selbst in die geistigen Sphären einer anderen Welt aufsteigen. Niemand kann es einem anderen vermitteln, so wie wir das gewohnt sind. Bei diesem eigenen Abenteuer ist es enorm wichtig, die geistigen Impulse mit der eigenen Seelenlandschaft zu verbinden und umgekehrt. Ein derartiger Entwicklungszustand ist sehr erstrebenswert; ihn zu erlangen erfordert einiges von uns. Wir müssen einen ausgiebigen Reifungsweg mit allem, was dazugehört, gehen, halt »vierzig Jahre in der Wüste«!

Zunächst soll hier die ganze Geschichte erzählt werden, damit sich ihr Stimmungsbild beim Leser entfalten und ein erster Gesamteindruck entwickeln kann. Danach werden wir die Bibelgeschichte zur Vereinfachung und zur Fokussierung auf wichtige Botschaften in verschiedene Erzählabschnitte unterteilen, die jeweils bestimmte Seelenzustände repräsentieren und reflektieren. Denn diese Geschichte besitzt wie so viele andere aus dem alten Testament den Anschein, höchst komplex, ja teilweise verworren und ohne Happy End zu sein. Da gibt es zum Beispiel vordergründig einen strafenden und rächenden Gott, wie ihn vielleicht einige von uns in der Kirche, Schule oder im Elternhaus kennengelernt haben. Ich fand es bei der Erzählung über die Kundschafter anfangs selbst unter Zuhilfenahme der Zahlensymbolik und der hebräischen Symbolik der Namen recht schwierig, mich in ihr zurechtzufinden. Aber sie hat mich schon beim ersten Lesen fasziniert! Sie spricht mehrere Ebenen in uns Menschen an und gleichzeitig ist sie in dem hier bereits in der Einleitung erklärten Kontext des Weges von der ›Zwei‹ zur ›Eins‹ eingebettet. Auch der von mir gewählte Untertitel zu dieser Bibelgeschichte weist bereits auf einen zusätzlichen Aspekt hin, der für jede spirituelle Entwicklung zum einen unabdingbar und zum anderen so dienlich ist.

>> *Und Gott sprach zu Mose:* »*Sende Männer aus! Lass sie das Land Kanaan erkunden, das ich Israel geben will. Aus jedem Stamm nimm je einen Mann, einen Ältesten.*« *Da sandte Mose aus der Wüste Paran, wie Gott ihm geboten hatte, Männer, die angesehene Häupter im Volk waren, unter ihnen Josua, den Sohn Nuns, und befahl ihnen:* »*Zieht hinauf ins Südland Kanaans! Geht auf das Gebirge und seht das Land an, wie es beschaffen ist. Beseht euch das Volk, das dort wohnt, und prüft, ob es stark oder schwach, wenig oder zahlreich ist. Ob das Land schön ist oder nicht, ob die Leute in Zeltdörfern oder Städten wohnen, wie der Boden ist, fett oder mager, ob Bäume da sind oder nicht. Geht mutig hinauf und bringt etwas mit von den Früchten des Landes!*« *Es war damals aber gerade die Zeit der ersten Weintrauben.*

Sie zogen hinauf und erkundeten das Land nach allen Seiten; sie kamen bis ins Traubental und schnitten dort eine Rebe ab, an der eine einzige Weintraube hing, die trugen sie zu zweien auf einer Stange, dazu auch Granatäpfel und Feigen. Nach vierzig Tagen kehrten sie um und kamen zurück zu Mose und Aaron und ganz Israel in die Wüste Paran, brachten ihnen Kunde und zeigten ihnen die Früchte des Landes. »*Wir kamen in das Land*«, *erzählten sie,* »*in das ihr uns gesandt habt. Es fließen wirklich Milch und Honig darin, und dies hier sind seine Früchte. Aber stark ist das Volk, das darin wohnt, und die Städte sind befestigt und sehr groß.*«

Als nun das Volk gegen Mose aufbegehrte, beschwichtigte es Kaleb: »*Lasst uns hinaufziehen und das Land besetzen, denn wir können es einnehmen.*« *Aber die anderen, die mit ihm dort gewe-*

sen waren, widersprachen: »Wir können gegen dieses Volk nicht hinaufziehen, sie sind uns zu stark.« Und sie sprachen böse über das Land: »Es wird uns fressen. Die Menschen, die wir dort sahen, sind groß. Wir sahen auch Riesen, und wir waren vor ihnen wie Heuschrecken, und auch sie betrachteten uns so.« Da fuhr die ganze Gemeinde auf, schrie und weinte die ganze Nacht und begehrte auf gegen Mose und Aaron: »Ach, wären wir doch in Ägypten gestorben oder stürben wir noch in dieser Wüste! Warum führt Gott uns in dieses Land, damit wir und unsere Frauen durchs Schwert fallen und unsere Kinder als Sklaven verteilt werden? Ist es nicht besser, wir kehren nach Ägypten um? Lasst uns einen Führer wählen und wieder nach Ägypten ziehen!« Aber Mose und Aaron warfen sich auf ihr Angesicht vor der ganzen Versammlung, und Josua und Kaleb zerrissen ihre Kleider vor Entsetzen und sprachen: »Das Land ist gut! Wenn uns der Herr hilft, wird er uns in dieses Land bringen und es uns geben, ein Land, in dem Milch und Honig fließen. Wendet euch nur nicht vom Herrn und seinem Gebot ab! Fürchtet euch nicht vor den Bewohnern dieses Landes, denn wie Brot werden wir sie aufessen.« Aber das Volk schrie und forderte: »Steinigt sie!«

Da erschien Gottes Herrlichkeit über dem heiligen Zelt vor den Augen ganz Israels, und der Herr sprach zu Mose: »Wie lange misstraut mir dieses Volk? Wie lange wird sein Unglaube währen trotz all der Wunder, die ich an ihm getan habe?« Da antwortete Mose: »Habe Erbarmen mit diesem Volk und seinem Unglauben, wie du bisher ihre Schuld vergeben hast, von Ägypten bis hierher!« Gott gab zur Antwort: »Ja, vergeben will ich, wie du gebeten hast. Aber das ist wahr: Alle die Männer, die meine Herrlichkeit geschaut haben und meine Wunder, die ich in Ägypten und in der Wüste getan habe, und mich zehnmal angeklagt, ich stünde nicht zu meinem Wort, und die meiner Stimme nicht gehorcht haben, werden das Land nicht sehen, das ich ihren Vätern zugesagt habe. Keiner soll es sehen, der mir misstraut. Sprich also zu *ihnen: ‚So wahr ich lebe, so spricht der Herr, es sei, wie ihr gesagt habt! Eure Leiber sollen in der Wüste verfallen. Alle, die älter sind als zwanzig Jahre, die ihr aufbegehrt habt gegen mich, ihr sollt nicht in das Land kommen außer Kaleb und Josua. Eure Kinder aber, von denen ihr gesagt habt, sie würden geraubt werden, sie will ich hineinbringen, dass sie das Land sehen, das ihr verwerft. Eure Kinder sollen vierzig Jahre lang in der Wüste Hirten sein und eure Untreue tragen, damit ihr erkennt, was es heißt, wenn ich meine Hand von euch abziehe.'«*

Als Mose diese Worte den Israeliten bekannt gab, waren sie bestürzt. Früh am Morgen brachen sie auf, um auf die Höhe des Gebirges zu ziehen und sprachen: »Wir wollen hinaufziehen in das Land, von dem Gott gesprochen hat. Wir sind schuldig geworden.« Aber Mose widersprach: »Warum wollt ihr gegen Gottes Willen handeln? Es wird euch nicht gelingen. Zieht nicht hinauf, denn der Herr ist nicht auf eurer Seite! Ihr werdet von euren Feinden geschlagen!« Aber sie waren so vermessen, auf die Höhe hinaufzuziehen. Da kamen die Amalekiter und Kanaaniter, die auf dem Gebirge wohnten, schlugen sie zusammen und zersprengten sie bis weit in die Wüste zurück. <<

Ziemlich heftig und verworren!, so lautete mein Urteil, als ich diese Geschichte zum ersten Mal aufmerksam las. Und ich denke, dass es vielen Lesern genauso geht. Im Prinzip dreht sich der Stoff des Bibeltextes um etwas sehr Herrliches, und doch scheinen Angst und teilweise Grausamkeit das Geschehen zu dominieren, die Unsicherheit der vorkommenden Personen zieht sich wie ein Leitfaden durch die Erzählung. Jetzt wissen wir ja bereits, dass all das soeben Gelesene in unser Inneres transferiert werden kann, und das macht die Situation noch spannender. Ich betrachte Bibelgeschichten gern wie Bühnenstücke, bei denen alle Akte und Szenen mitunter gleichzeitig in uns selbst ablaufen. Es ist jedoch äußerst schwierig und komplex, diesem Sachverhalt gerecht zu werden und die Betrachtung und Deutung der Geschichte derart durchzuführen. Aber dies braucht auch nicht zu geschehen, denn es ist weitaus dienlicher, uns wie bisher Schritt für Schritt durch alle Schichten zum Kern der Erzählung und damit zu einem weiteren Anteil Selbsterkenntnis aufzumachen. Dazu habe ich das gesamte »Bühnenstück« in vier Akte aufgeteilt:

1. Der Auftrag, 2. Durchführung und Ausblick, 3. Verwirrung und Angst, 4. Erlösung und Konsequenzen. Es bietet pure Dramatik mit vielen Wendungen und … na, fangen wir einfach einmal an.

»Der Auftrag«

>> *Und Gott sprach zu Mose: »Sende Männer aus! Lass sie das Land Kanaan erkunden, das ich Israel geben will. Aus jedem Stamm nimm je einen Mann, einen Ältesten.« Da sandte Mose aus der Wüste Paran, wie Gott ihm geboten hatte, Männer, die angesehene Häupter im Volk waren, unter ihnen Josua, den Sohn Nuns, und befahl ihnen: »Zieht hinauf ins Südland Kanaans! Geht auf das Gebirge und seht das Land an, wie es beschaffen ist. Beseht euch das Volk, das dort wohnt, und prüft, ob es stark oder schwach, wenig oder zahlreich ist. Ob das Land schön ist oder nicht, ob die Leute in Zeltdörfern oder Städten wohnen, wie der Boden ist, fett oder mager, ob Bäume da sind oder nicht. Geht mutig hinauf und bringt etwas mit von den Früchten des Landes!« Es war damals aber gerade die Zeit der ersten Weintrauben.* <<

Wie immer sollten wir uns nun gedanklich von einer äußeren Handlung abwenden und anstelle dessen in unser Inneres abtauchen. Der soeben zitierte erste Abschnitt der »Kundschafter«-Geschichte beschreibt die Ausgangslage, in der sich ein ganz bestimmter Aspekt unserer menschlichen Seele befindet. Für mich sind diese wenigen Zeilen gewaltig in ihrer Aussagekraft und schon fast selbst eine eigene Geschichte. Was zeigt uns diese Szene? Ein Teil von uns ist in Kontakt mit dem göttlichen Kern, den ein jeder Mensch in sich trägt. Wir sind dabei in Verbindung mit dem Einen und hören eine leise, nur für einen kurzen Augenblick wahrnehmbare Stimme. Diese Stimme aus dem tiefsten Grund unseres Seins spricht zu uns – genauer gesagt zu unserem »Mose«-Anteil – und beauftragt uns, Kanaan zu erkunden, das dem Volke Israel gegeben werden soll. Nun, die symbolhafte Aussagekraft von »Kanaan« kennen wir schon, aber es gibt noch eine Reihe weiterer in Namen versteckter Bedeutungen, die das hier offenbare Bühnenbild unserer Seele zum Ausdruck bringen. Daher werden jetzt nach und nach die gebrauchten Symbole erklärt, nur so bringen wir die Akteure im »Seelenensemble« dazu, den ersten Akt »Der Auftrag« und alle folgenden für uns erkennbar zu spielen. Beginnen möchte ich mit einer Standortbestimmung: Als Mensch dieser Welt leben und agieren wir in der sogenannten materiellen Welt, die wir mit all den polaren Strukturen physisch sowie psychisch erleben und erfahren. Die innere, flüsternde Stimme, mit der Gott zu uns spricht, fordert unsere Seele nun auf, sich der göttlichen Einheit zu nähern, um das Vollkommene und Grenzenlose zu erfahren, das losgelöst vom »Ägypten« unserer hiesigen Alltagswelt und von unserem zerrissenen Innenleben besteht, alles umfasst und durchdringt: halt K a n a a n ! Die Seelenlandschaft ist so wunderbar durch das Bild der »Wüste Paran« ausgedrückt. Der Seelenanteil, der sich aufmachen will in Richtung des Gelobten Landes, befindet sich in einer Wüste. Diese Wüste Paran ist die Leere, aus der alles kommt, und ist gleichwohl als Übergangszone von der materiellen Welt zu Gott zu verstehen. Wir können uns nicht einfach von »Ägypten« nach »Kanaan« befördern, uns wie in einem Science-Fiction-Roman von der ›2‹ zur ›1‹ beamen, sondern müssen aus der »Wüste« heraus auf die innere Entwicklungsreise gehen. Dabei erfährt unsere Seele Hilfe durch ihren »Mose«-Anteil, wie ich ihn oben schon genannt habe. Denn *Gott sprach zu Mose* und Mose heißt übersetzt »aus dem Wasser geholt« oder »der Erlöser aus dieser Welt«. In der hebräischen Schreibweise lautet Mose ה ש מ (Mem-Shin-He) und hat den Zahlenwert >345<. >345< ergibt reduziert die Qualität der >12< (die sogenannte theosophische Reduktion von 345 ist 3 + 4 + 5 = 12), welche auch eine heilige Zahl genannt wird. Die Zahlenqualität >12< steht für Harmonie und Ordnung, sie ist die Zahl des Universums. Sie ist die Zahl der kosmischen Ganzheit und des »himmlischen Jerusalems«. Denken wir an grundlegende Beispiele wie die »12 Jünger Jesu«, »12 Sternzeichen«, »die 12 Söhne Jakobs« und die »12 Stämme Israels«, welche in dieser Geschichte eine große Rolle spielen, so wird an dieser Stelle einiges deutlicher. Aber was hat Mose als Seelenanteil nun mit der kosmischen Ganzheit zu tun? Erinnern wir uns, dass unsere Seele uns letztendlich zu Gott, zur universellen Einheit zurückführen möchte. Nichts anderes soll Mose in dieser Innengeschichte initiieren. Als >12< soll er dazu beitragen, dass das individuelle Geschehen mit der höheren Ordnung vereinigt wird, oder abstrakt formuliert: Das Subjektive soll mit dem Objektiven zum Kosmischen verschmelzen. Dabei ordnet sich unser persönliches Bewusstsein der Führung des universellen Geistes unter (unter diesem Gesichtspunkt bekommt das bekannte Jesuswort »nicht mein Wille, sondern Dein Wille geschehe« eine transzendierende und übergeordnete Rolle). Mose ist nun der Erlöser unserer Seelenanteile, die im Denken und Empfinden der polaren Strukturen, der Welt der >2<, gebunden sind. Wer im Laufe der spirituellen Entwicklung Zugang zum »Mose«-Teil erlangt, ist der Rückverbindung mit Gott einen wichtigen Schritt näher gekommen, denn nun kann weitere Hilfe gegeben werden. Wer in der >12< ist, ist auch heil und heilig. Hier ist es interessant zu wissen und bestimmt nicht zufällig, dass einer der 72 kabbalistischen Gottesnamen für »Heilung«, »heil sein« steht und מ ה ש (Mem-He-Shin) lautet. Er wird mit den gleichen Buchstaben wie der Name Mose geschrieben und bildet somit auch den Zahlenwert ›345‹. Der »Mose«-Teil in uns soll also helfen, uns heil zu machen. Als mir diese ersten Zusammenhänge am Anfang der »Kundschafter«-Geschichte aufgingen, war die Spannung bei mir entfesselt, und ich wollte mehr wissen, was die Seele in Bezug auf uns Menschen und auf Gott noch so alles vorhaben kann!

Ein weiterer Hinweis auf eine Unterstützung der menschlichen Seele durch die göttliche Kraft und Liebe, dass sie zum Einen gelangt, ist die Nennung Israels und seiner Stämme. Es sind dies ja zwölf an der Zahl und die damit verknüpfte Qualität ist uns klar. Dem Wort »Israel« wohnt die Bedeutung inne »der, für den Gott kämpft« oder »der mit Gott kämpft«, woraus deutlich der Aspekt der Hilfe, der Förderung hervorgeht. In diesem ersten Erzählabschnitt, unserem »1. Bühnenakt«, erscheint noch ein weiterer direkt benannter Akteur auf der Bühne: *Josua, der Sohn Nuns*. Die Übersetzung dieses hebräischen Namens ist ebenfalls kein Zufall in dem Kontext der Geschichte. »Josua« heißt »Gott hilft« oder »Heil«, »Rettung«. Ist es nicht faszinierend, wie sich schon hier zu Beginn der Erzählung mittels der Symbolik alles zusammenfügt? Heilung unserer Seele als Leitmotiv auf dem Weg von der ›2‹ zur ›1‹, von »Mizrajim« (מ צ ר י ם, Mem-Zade-Resch-Jod-Mem, Ägypten) nach »Kanaan« (כ נ ע ן, Kaf-Nun-Ajin-Nun, Gelobtes Land). Mose und Josua sind die Helfer in uns selbst, die uns Wegbereiter zur Einheit sind, wenn wir Zugang zu ihnen, zu diesem inneren und verborgenen Winkel unserer Seele haben. Aber noch ist die Seele nicht so weit, noch liegt ein Weg voller Widersprüche vor uns, wie der weitere Verlauf der Geschichte zeigen wird. In die »Wüste Paran« zu gelangen ist das eine, von dort aus nach »Kanaan« zu kommen etwas anderes. Josua wird im Zusammenhang mit seinem Vater Nun genannt. Diese Tatsache allein sollte in einem Bibeltext immer ausreichen, um nach einem tieferen Sinn dieser zusätzlichen Information zu fragen. »Nun« ist auch das hebräische Zahlwort für fünfzig. Und die Qualität >50< steht für die jenseitige, geistige Welt der kosmischen Einheit und Ganzheit. Demnach bringt »Josua« (= »Gott hilft«) schon die richtigen Voraussetzungen mit, um auch unserem Seelenteil zu helfen, der nach Gott strebt. Wir können Mose und Josua vertrauen. Weiterhin schenkt uns die Erzählung einen interessanten Hinweis, wie das Gelobte Land erreicht werden kann: Die Kundschafter sollen *hinauf ins Südland ziehen*. Der Süden wird in der Bibel als Synonym für die Seite der Seele genannt, der Norden steht für die Seite des Leibes.

Die gesamte zweite Hälfte des ersten Aktes handelt nun von der etwaigen Beschaffenheit des neuen, zu erkundenden Landes. Was können wir für unsere Menschwerdung Sinnvolles daraus ableiten? Nun, es wird von Mose eine Reihe von Gegensatzpaaren aufgezählt, von *stark oder schwach* bis *ob Bäume da sind oder nicht*. Mit diesen Worten kommt ganz klar die Welt der >2<, die menschliche Betrachtungsweise mittels der polaren Gegensatzstrukturen, zum Ausdruck, die unser Menschsein hier auf Erden prägt. Oder anders gesagt: Unsere Seele sucht Gott, die Welt der kosmischen Ganzheit, die jenseits unserer bekannten Welt ist und uns um- und einhüllt. Aber ein bestimmter Teil unserer Menschenseele versucht, sich alles mit den Augen der >2<, der hiesigen Welt, vorzustellen und zu beschreiben. Dass dieser Seelenanteil Schiffbruch erleidet, kann ich ruhig an dieser Stelle vorwegnehmen, ohne unserer Reise als Kundschafter die Spannung zu nehmen. Wir können uns auf Basis unserer Erfahrungswelt »kein Bild« von einer rein geistigen, himmlischen Welt machen, und so zieht ein Teil in uns sozusagen unter falschen Voraussetzungen Richtung Kanaans Südland los. Mutig, das heißt beherzt, sollen wir uns vom Grunde unseres Seins aufmachen und *von den Früchten des Landes etwas mitbringen*. Mit diesen Früchten sind die Früchte des Lebens, der Sinn unseres Lebens, gemeint. Weintrauben kommt dabei eine ganz bestimmte Bedeutung zu, doch davon gleich mehr im zweiten Akt.

»Durchführung und Ausblick«
   >> *Sie zogen hinauf und erkundeten das Land nach allen Seiten; sie kamen bis ins Traubental und schnitten dort eine Rebe ab, an der eine einzige Weintraube hing, die trugen sie zu zweien auf einer Stange, dazu auch Granatäpfel und Feigen. Nach vierzig Tagen kehrten sie um und kamen zurück zu Mose und Aaron und ganz Israel in die Wüste Paran, brachten ihnen Kunde und zeigten ihnen die Früchte des Landes. »Wir kamen in das Land«, erzählten sie, »in das ihr uns gesandt habt. Es fließen wirklich Milch und Honig darin, und dies hier sind seine Früchte. Aber stark ist das Volk, das darin wohnt, und die Städte sind befestigt und sehr groß.«* <<

Der Auftrag ist klar: das Gelobte Land auskundschaften. Und auskundschaften heißt: hingehen, schauen, zurückkehren und berichten. Daraus besteht jetzt der zweite Akt, in dem die zwölf Kundschafter als Symbol für einen bestimmten Seelenanteil, der in jedem von uns Menschen steckt, eine neue uns noch verborgene Welt erkunden. Es wird gesagt, dass *sie bis ins Traubental kamen und dort eine Rebe abschnitten, an der eine einzige Weintraube hing*. Das klingt doch wirklich unvorstellbar, eine Rebe mit nur einer einzigen Traube! Oder etwa nicht? Nun ja, unvorstellbar ist schon der richtige Ausdruck, denn die rein geistige, jenseitige, alles umfassende, kosmische, göttliche Welt können wir uns nicht mit unseren Sinnen und Maßstäben vorstellen. Somit finde ich diese Imagination einer einzigen Traube sehr passend. In einem Jugendbuch über das alte Testament war diese Szene tatsächlich derart illustriert, dass zwei Männer eine Weintraube trugen, die fast so groß war wie jene Männer selber. Aber warum wird nun diese eine Weintraube in diesem Bibelabschnitt so hervorgehoben? Sie repräsentiert als ›1‹ die Qualität der Einheit, der Ganzheit, einen Zustand, den wir als Menschen der hiesigen Welt vielleicht manchmal kurz erleben dürfen, aber nie ganz leben können. Sie kann für uns lediglich eine Erfahrung des absoluten Glücks, Friedens und der Verbundenheit sein und bleiben, die uns wie ein Hauch streift. Dass dieses Zeichen wirklich zur geistigen Welt gehört, verrät uns wieder einmal die Fülle der Zahlensymbolik. Zwei Kundschafter tragen diese ›1‹ und ergeben zusammen das schöne Bild der ›3‹. Somit sind die Zahlen ›1‹, ›2‹ und ›3‹ erwähnt, die allesamt für rein geistige Qualitäten stehen.

Eigentlich sollte doch jetzt alles klar sein. Die jenseitige, unbekannte Welt wurde von einem Aspekt unserer Seele geschaut, wir haben die Verbindung zum Gelobten Land hergestellt oder Kanaan vielleicht auch nur erahnt. Und in der Tat, ein Teil unserer Kundschafterseele erfährt die Ganzheit, bringt die Weintraube und andere Früchte mit zurück zu Mose, Aaron und den anderen, die noch in der Wüste Paran verweilen, und ist erfreut. Diese Stimme in uns berichtet von dem Unvorstellbaren, von einem Land, in dem *wirklich Milch und Honig fließen*, einem Bereich des grenzenlosen Lebens und Glücks und der unendlichen Liebe. Ich finde es interessant, dass Mose und sein Bruder Aaron in dieser bestimmten Bibelstelle namentlich erwähnt werden. Mose – das wissen wir bereits – steht für den »erlösenden Aspekt« in unserer Seele. »Aaron« heißt übersetzt »Erleuchteter«. Mit den Worten unserer Zeit können wir die beiden Brüder als die »biblische Doppelspitze« bezeichnen, sie bilden in der Menschenseele das Zentrum und zugleich die treibende Kraft im Entwicklungsstadium »Wüste Paran«, welche die so wichtige Zwischenstation unseres Weges von Ägypten nach Kanaan darstellt. Aber es kommt auch noch ein anderer Aspekt der Kundschafterseele an dieser Textstelle zum Vorschein, der für den weiteren Verlauf der Geschichte sehr bestimmend ist. Wir wissen, dass alles Leben – obwohl aus der Einheit, der ›1‹, geboren – auf Gegensätzlichkeiten und Polarität beruht. Es geschieht demnach auch in der Seele, dass die gegensätzlichen Impulse und Kräfte in ihr walten, sich ihrer bemächtigen und unser Leben bestimmen möchten. Oft finden wir uns gerade zerrissen zwischen unseren Bedürfnissen und Pflichten, unseren Sehnsüchten, Wünschen und Ängsten, unseren Hoffnungen und Zweifeln. So ist es auch mit unserem eigenen »inneren Kundschafter«. Denn die vierzig Tage der Kundschafterreise belegen aus zahlensymbolischer Sicht eindeutig, dass andere Kräfte in unserer Seele wirken. Die Zahl ›40‹ steht für die Welt der Erscheinungsformen, sie drückt aus, dass ein Teil in uns ausschließlich in irdischen Maßstäben denkt, handelt und fühlt. Es deutet sich – wenn auch schwach – ein Konflikt an. Der letzte Satz: *Aber stark ist das Volk, das darin wohnt, und die Städte sind befestigt und sehr groß,* spiegelt die Stimme in uns wider, die sich fürchtet und klein fühlt, das heißt gespalten von der Einheit. Um es bildlich zu sagen: Der gesamten Expedition »Auskundschaften als Vorbereitung zum Weg ins Gelobte Land« scheinen wichtige Ausrüstungsstücke zu fehlen: das absolute Gottvertrauen und die unendliche, bedingungslose Liebe in unserem eigenen Herzen! Wie ein Leitfaden zieht sich dieses Thema durch die ganze Erzählung, die Polarität lebt in uns, und tief in uns werden wir zwischen Furcht, Vertrauen und Liebe hin und her geschleudert, wie wir im weiteren Verlauf sehen werden. Im nun folgenden 3. Akt des Kundschafterdramas wird dieser Zwiespalt sehr lebendig.

»Verwirrung und Angst«

>> *Als nun das Volk gegen Mose aufbegehrte, beschwichtigte es Kaleb: »Lasst uns hinaufziehen und das Land besetzen, denn wir können es einnehmen.« Aber die anderen, die mit ihm dort gewesen waren, widersprachen: »Wir können gegen dieses Volk nicht hinaufziehen, sie sind uns zu stark.« Und sie sprachen böse über das Land: »Es wird uns fressen. Die Menschen, die wir dort sahen, sind groß. Wir sahen auch Riesen, und wir waren vor ihnen wie Heuschrecken, und auch sie betrachteten uns so.« Da fuhr die ganze Gemeinde auf, schrie und weinte die ganze Nacht und begehrte auf gegen Mose und Aaron: »Ach, wären wir doch in Ägypten gestorben oder stürben wir noch in dieser Wüste! Warum führt Gott uns in dieses Land, damit wir und unsere Frauen durchs Schwert fallen und unsere Kinder als Sklaven verteilt werden? Ist es nicht besser, wir kehren nach Ägypten um? Lasst uns einen Führer wählen und wieder nach Ägypten ziehen!« Aber Mose und Aaron warfen sich auf ihr Angesicht vor der ganzen Versammlung, und Josua und Kaleb zerrissen ihre Kleider vor Entsetzen und sprachen: »Das Land ist gut! Wenn uns der Herr hilft, wird er uns in dieses Land bringen und es uns geben, ein Land, in dem Milch und Honig fließen. Wendet euch nur nicht vom Herrn und seinem Gebot ab! Fürchtet euch nicht vor den Bewohnern dieses Landes, denn wie Brot werden wir sie aufessen.« Aber das Volk schrie und forderte: »Steinigt sie!«* <<

Ganz ehrlich: Sind das nicht eher Worte aus einer Schauer- und nicht aus einer Bibelgeschichte? Wenn diese Szene im übertragenden Sinne ein Teil unseres Selbst sein soll, dann sind wir ganz schön zerrissen und in Not! Aber erinnern wir uns: Dieser Teil von uns ist ein Aspekt unter vielen unseres Seelenlebens, und die Zerrissenheit oder die Spaltung, von der hier die Rede ist, bezieht sich auf einen ganz bestimmten Reifungsweg unserer Menschenseele: die Entwicklung von der >2< zur >1<. Und dieses Entwicklungsstadium ist wahrhaftig geprägt durch Hoffnung und Furcht, gut und böse, Verwirrung gepaart mit Angst vor dem Unbekannten auf der einen und Ausblick auf etwas unvorstellbar Schönes, das Gott der Herr verheißt, auf der anderen Seite. Bezogen auf unser Innenleben und Seelenheil befinden wir uns hier im Grunde genommen zwischen ewigem Tod und ständiger Auferstehung. Von der Stimme, die spricht: *»Wir können das Land einnehmen«,* bis zum Ausblick gefressen oder von Riesen niedergemacht zu werden entsteht ein Spektrum, das von viel Gewalt, aber auch einem leisen Ton der Liebe und des Geführtwerdens durch Gott geprägt ist. In diesem Akt kommt klar der Kampf zum Ausdruck, der tief in unserem Herzen tobt und wo unsere Seele leise zu uns spricht. Die Kraft der >2<, die Herrschaft der Polarität und des Gespaltenseins, entfaltet sich hier total und scheint zu dominieren. Der Ruf der >2< ist halt immer lauter in unserem Dasein als die Stimme der >1<.

Gleich zu Beginn des dritten Abschnitts erfahren wir vom Widerstand, der sich in uns abspielt, und zwar gegen Mose, der bislang der Führer und Leiter unserer Seelenexpedition war. Da erscheint Kaleb als weiterer Protagonist auf der Bühne und greift in das Geschehen ein. Der Name »Kaleb« beherbergt das Attribut »mit dem ganzen Herzen«, was schon alles über ihn aussagt. Wir spüren dies regelrecht beim Lesen des Textes. Mit »ganzem Herzen« spricht die »Kaleb«-Stimme in uns, dass das Land Kanaan gut sei. Kaleb ist einer der zwölf Kundschafter und er stammt aus dem Hause Juda. »Juda« heißt übersetzt »der Gepriesene« oder »der Gelobte«. Juda kann jedoch auch die Bedeutung »der Bekenner« besitzen, was aus meiner Sicht vortrefflich in den Kontext der Geschichte passt. Wir haben einen Seelenanteil »Kaleb« in uns, der sich wie Mose – nur auf einer anderen Ebene – zur absoluten Rückverbindung mit Gott bekennt und sich auf eine unbekannte allumfassende Welt einlässt. Um es mit den metaphorischen Worten von vorhin zu sagen: Für mich ist Kaleb eines der fehlenden »Ausrüstungsstücke«: Er verkörpert absolutes Vertrauen in die göttliche Führung und Hilfe sowie tief greifende Liebe als die Grundvoraussetzungen für eine erfolgreiche Reise ins Gelobte Land. Mose, Aaron und Josua vernehmen wir vielleicht ebenso als leise Töne in unserem Wesen, wenn wir dazu bereit sind. Sie alle wollen uns leiten und helfen, uns mit der Ganzheit zu verbinden, und uns die Angst nehmen, an etwas zu glauben, das wir als Menschen nicht mit unseren fünf Sinnen wahrnehmen können. Die gerade erwähnte »Ganzheit« drücken Josua und Kaleb mit ihren Worten »... *denn wie Brot werden wir sie aufessen*« aus. »Aufessen« ist stets ein Synonym für »ganz, eins machen« und kündet indirekt an dieser Stelle der Geschichte an, worum es immer wieder im Leben geht. Uns »ganz machen« mit all unseren Anteilen im Wissen, dass unsere materielle Welt und Umgebung nicht mehr als ein Bestandteil einer unsichtbaren geistigen Welt ist, die alles umfasst. Doch der scheinbar stärkere Teil unseres Selbst, zu dem auch die meisten der Kundschafter gehören, hat große Angst vor dem, was er erfährt. Er will umkehren und nach »Mizrajim«, Ägypten, der Welt der ›2‹ zurück und ist sogar bereit, einen ganzen Seelenanteil abzutöten, die leise Stimme stumm zu machen.

Ich finde, dass die Spannung der Geschichte hier ihren Höhepunkt erreicht und die Frage, wie sie ausgeht und was letztendlich der Leser erfahren soll, immer brennender wird. Bevor wir uns aber weiter auf die Erzählung einlassen, möchte ich auf eine Besonderheit im 3. Akt des inneren Reifungsdramas hinweisen. In diesem Abschnitt wird sechsmal das Wort »Land« erwähnt, womit Kanaan gemeint ist. Über die Bedeutung des Wortes »Kanaan« wissen wir bereits Bescheid. Warum wird das »Land« jedoch sechsmal genannt? Mittlerweile bin ich immer aufmerksam, wenn ein Name oder ein Begriff in einem Bibeltext wiederholt, betont oder auf andere Art und Weise hervorgehoben wird. Hier ist mir die Zahl ›6‹ aufgefallen. Sie deutet immer etwas Vollkommenes an, denken wir nur an das Sechstagewerk Gottes in der Schöpfungsgeschichte. Die Qualität der ›6‹ steht für die Verbindung der »Welt des Geistes« mit der »Welt der Materie«, und zwar hier in unserer Welt. Ausdruck findet die ›6‹ im Bild des Davidsterns, bei dem die beiden Dreiecke des Lebens zusammengefügt sind. Beide »Welten« oder Aspekte haben wir Menschen als wahre göttliche Wesen in uns gespeichert. Durch den sechsmaligen Hinweis auf das Gelobte Land soll in der momentanen Phase der Geschichte und damit der bestimmten Entwicklungssituation der menschlichen Seele auf die Vollkommenheit all dessen aufmerksam gemacht werden. Die ›6‹ verweist hier auf alles, was Gott in seiner Schöpfung als Vollkommenheit schuf (= geistiger Aspekt), aber auch auf das, was der Mensch in seiner Vermessenheit und Überheblichkeit alles selbst in den Griff bekommen will (= irdischer Aspekt).

Zurück zur Spannung. Wir waren ja gerade dabei, einen wesentlichen Anteil unseres inneren Wesens zu töten, zu steinigen. In diesem Moment höchster seelischer Not – denn um nichts anderes geht es hier – greift Gott direkt in das Geschehen ein. Eine höhere Macht lenkt uns. Wenn wir es wollen, wenn wir bereit sind, können wir ganz leise dieses »Eingreifen« auf dem Grund unseres Herzens vernehmen. Es ist diese zarte Stimme, die andere innere Kräfte soeben noch verstummen lassen wollten. Und mit der Spannung in dieser Bibelgeschichte verhält es sich wie mit jeder Art von Spannung. Sie sucht Erlösung. Die innere Erlösung erfahren wir in der Verbindung mit Gott und der geistigen Welt als eine neue Erkenntnis, die zusammen mit dem freien Willen des Menschen ein machtvolles Werkzeug für uns ist. Die Erkenntnis, von der wir nun als zentrales Thema im 4. Akt erfahren, und der freie menschliche Wille ermöglichen uns wahrlich das höchste Potenzial inneren Wachstums.

»Erlösung und Konsequenzen«

>> *Da erschien Gottes Herrlichkeit über dem heiligen Zelt vor den Augen ganz Israels, und der Herr sprach zu Mose: »Wie lange misstraut mir dieses Volk? Wie lange wird sein Unglaube währen trotz all der Wunder, die ich an ihm getan habe?« Da antwortete Mose: »Habe Erbarmen mit diesem Volk und seinem Unglauben, wie du bisher ihre Schuld vergeben hast, von Ägypten bis hierher!« Gott gab zur Antwort: »Ja, vergeben will ich, wie du gebeten hast. Aber das ist wahr: Alle die Männer, die meine Herrlichkeit geschaut haben und meine Wunder, die ich in Ägypten und in der Wüste getan habe, und mich zehnmal angeklagt, ich stünde nicht zu meinem Wort, und die meiner Stimme nicht gehorcht haben, werden das Land nicht sehen, das ich ihren Vätern zugesagt habe. Keiner soll es sehen, der mir misstraut. Sprich also zu ihnen: ‚So wahr ich lebe, so spricht der Herr, es sei, wie ihr gesagt habt! Eure Leiber sollen in der Wüste verfallen. Alle, die älter sind als zwanzig Jahre, die ihr aufbegehrt habt gegen mich, ihr sollt nicht in das Land kommen außer Kaleb und Josua. Eure Kinder aber, von denen ihr gesagt habt, sie würden geraubt werden, sie will ich hineinbringen, dass sie das Land sehen, das ihr verwerft. Eure Kinder sollen vierzig Jahre lang in der Wüste Hirten sein und eure Untreue tragen, damit ihr erkennt, was es heißt, wenn ich meine Hand von euch abziehe.'«*

Als Mose diese Worte den Israeliten bekannt gab, waren sie bestürzt. Früh am Morgen brachen sie auf, um auf die Höhe des Gebirges zu ziehen und sprachen: »Wir wollen hinaufziehen in das Land, von dem Gott gesprochen hat. Wir sind schuldig geworden.« Aber Mose widersprach: »Warum wollt ihr gegen Gottes Willen handeln? Es wird euch nicht gelingen. Zieht nicht hinauf, denn der Herr ist nicht auf eurer Seite! Ihr werdet von euren Feinden geschlagen!« Aber sie waren so vermessen, auf die Höhe hinaufzuziehen. Da kamen die Amalekiter und Kanaaniter, die auf dem

Gebirge wohnten, schlugen sie zusammen und zersprengten sie bis weit in die Wüste zurück. <<

Der letzte Part des Schauspiels auf unserer Seelenbühne beginnt mit etwas Wunderbarem. In unserer höchsten Not, die durch eine tiefe Zerrissenheit in unserem Innersten hervorgebracht wird, erscheint Gott. Dies wird so schön durch die Beschreibung: *Da erschien Gottes Herrlichkeit über dem heiligen Zelt vor den Augen ganz Israels,* in Szene gesetzt. Er erscheint allerdings nur dem Teil in uns, der »mit ihm kämpft« d. h. wirklich an seiner Seite ist (»Israel«). Das ist gemeint mit *vor den Augen ganz Israels*. Der andere Teil unseres Wesens, der nicht »Israel« ist, erfährt im weiteren Verlauf der Handlung Gottes Botschaft indirekt über die »Mose«-Stimme mit dem nach wie vor existierenden »Erlöser-Auftrag«. Die Botschaft, die uns jetzt im göttlichen Raum von uns selbst erreicht, ist die Erkenntnis, mit der wir wahre Freiheit erlangen können: Ohne das absolute Vertrauen in ein vollkommenes und grenzenloses Universum, welches wir als göttlich bezeichnen und das uns als göttliche Wesen liebt und führt, glückt uns die Rückverbindung mit Gott und die Einbindung in die Ganzheit nicht! Ohne das Wissen um die eigene Göttlichkeit und die vorhandene geistige Fülle in uns selbst werden wir nie wahrhafte Einheit erfahren! Unsere Seele erkennt dies, es bedeutet Erlösung und Konsequenz zugleich. Denn was aus dieser Erkenntnis folgt, ist klar: Der Anteil im Menschen, der noch misstraut, der Zweifel an dieser großartigen, jenseitigen, geistigen Existenz hegt, wird Kanaan weder schauen noch dorthin gelangen, wo alle Kräfte und Einflüsse des Egodaseins unterworfen und somit nicht existent sind. Dieser misstrauende Teil in uns muss sich zunächst von allen irdischen Maßstäben trennen, was so bildhaft durch: *Eure Leiber sollen in der Wüste verfallen,* beschrieben wird. Der Leib, das Symbol für die irdischen Kräfte und Werte, muss zunächst seinen Einfluss auf unser Wesen verlieren. Und das geschieht in der Wüste, die ja als »Vorbereitungszone« für das Eintreten in die himmlische Welt dient. Die Nennung der Zahl ›20‹ bekräftigt diese Aussage noch. Zum einen wird die polare Struktur des menschlichen Handels und Denkens noch einmal auf einer anderen Ebene der ›2‹ hervorgehoben. Zum anderen verbirgt sich in der Zahl 20, welche dem Buchstaben Kaf zugeordnet ist, der Ausdruck »Hand« oder »Handfläche«. Diese Bedeutung unterstreicht einmal mehr den Charakter des Handelns und Agierens von uns Menschen in dieser Welt, im Irdischen.

In diesem Abschnitt des Bibeltextes ist es tröstlich zu wissen, dass wir über unseren »Kaleb«- und »Josua«-Anteil eine Art »Verbindungstunnel« zur universellen Einheit haben. Es wird uns ebenfalls offenbart, dass die Kinder in das Land Kanaan hineingebracht werden sollen. Eine höchst interessante Information, über die ich lange nachgedacht habe. Kinder sind stets ein Teil von uns und hier sind sie im übertragenden Sinne die »Produkte« unserer immer voranschreitenden seelischen Reifung. Und das verheißt uns eine gehörige Portion Trost! Denn die Rückverbindung mit Gott bleibt uns nicht verschlossen, was verschlüsselt mit den Worten: *Eure Kinder sollen vierzig Jahre lang in der Wüste Hirten sein,* zum Ausdruck kommt. Es ist weiterhin möglich, die besagte Erlösung zu erlangen, wenn auch nicht in dieser Welt. Auf unserem weiteren Reifungsweg im hiesigen Dasein (ausgedrückt durch die Zahl ›40‹) sollen wir Hirten in der Wüste sein. Übersetzt heißt dies, dass wir im Zustand der Leere und Stille »unsere Gefühle hüten«, d. h., auf die leisen Stimmen und Bewegungen auf dem Grund unseres Herzens achten sollen.

Jetzt bleibt noch der letzte Abschnitt, der auf den ersten Blick recht grausam und »untröstlich« endet. Daher möchte ich ihn schnell und kurz in meine Worte übersetzen, sodass er in unser Schauspiel passt. Es gibt immer einen Teil in uns, der alles mithilfe der eigenen Kräfte und vor allem des eigenen Geistes erledigen möchte. So gibt es auch den Versuch, nur auf Basis eigener geistiger Bemühungen in die von unserer Seele angestrebte Einheit Gottes zu gelangen. Ein derartiger Versuch ist zum Scheitern verurteilt. Wer ausschließlich in der Welt der Materie lebt, der ›4‹, mit den Gesetzen der Polarität ›2‹ und zerstörerische Elemente in einem reinen Egodasein zulässt, kann nie die ›1‹ auch nur erahnen. Amalekiter und Kanaaniter stehen für diese Egoseite und das »Händlerwesen«, das in allen von uns steckt und für viele Menschen bestimmend im Leben ist.

Was für eine Geschichte! Damit meine ich nicht nur die äußeren Geschehnisse dieses Dramas in vier Akten, sondern auch alle innewohnenden Botschaften. Eine Eigenschaft oder besser gesagt eine Wirkung der Kundschafter-Geschichte möchte ich zum Schluss hervorheben. Die Ehrlichkeit, zu der wir gezwungen werden, indem sie uns nach dem eigenen Vertrauen fragt und somit unseren Standpunkt auf der seelischen Entwicklungsreise von der ›2‹ zur ›1‹ lokalisiert. Diesen Aspekt der eigenen Standortbestimmung habe ich mit meiner Frage im Untertitel der Bibelerzählung hervorheben wollen. Meine Interpretationen und Ausführungen stellen nur eine Möglichkeit dar, unsere wahre Bestimmung auszudrücken. Für mich persönlich fasse ich diese Geschichte, die ich auf einer tiefen Lebensebene für so grundlegend halte, in folgender Botschaft zusammen: Haben wir Mut, der Seele Raum zu Entwicklung und Wachstum zu geben! Als Naturwissenschaftler neige ich immer wieder einmal dazu, Aussagen in Formeln zu packen. Dabei helfen mir auch die in Klammern genannten kabbalistischen Gottesnamen, mit denen wir um Unterstützung beten können, diese Fähigkeiten zu erlangen.

›Eins sein mit Gott‹
erreichen wir mit
›absolutem Vertrauen‹ (ע ר י; Ajin-Resch-Jod) +
›bedingungsloser Liebe‹ (ע ה ה; He-He-Ajin) +
›unserem freien Willen zu entscheiden, wer wir sein wollen‹
(ה י י; He-Jod-Jod)

Außer dieser doch eher abstrakt anmutenden Formel wähle ich eine sehr praxisnahe Hilfe, um genügend Vertrauen zu erlangen, sodass ich mich in »mein Leben fallen lassen« kann. Es ist Psalm 23 – der Hirtenpsalm –, der für mich der Vertrauensspender für das tägliche Leben schlechthin ist und den ich oft bete.

»Der Herr ist mein Hirte, mir fehlt nichts. / Er lässt mich lagern auf grünen Auen und führt mich zum Ruheplatz am Wasser. / Er stillt mein Verlangen. / Er leitet mich auf rechten Pfaden treu seinem Namen. / Muss ich auch wandern durch finstere Schlucht, ich fürchte nichts Böses, denn Du bist bei mir, Dein Stock und Dein Stab geben mir Zuversicht. / Du deckst mir den Tisch vor den Augen meiner Feinde. / Du salbst mein Haupt mit Öl. / Lauter Güte und Huld werden mir folgen ein Leben lang, und im Hause des Herrn darf ich wohnen immerdar.«

Als Erdenmenschen können wir nicht in der >1< leben, aber wir können bis in die Wüste Paran gelangen. Geben wir unserer Seele die Freiheit.

Josua erobert das Land (1) – Vorbereitungen
oder
Eine Liebeserklärung ganz besonderer Art

Im Buch Josua erfahren wir mehr von der Führung des Volkes Israel in das Gelobte Land und dessen dortige Ankunft. Während in der »Kundschafter-Geschichte« das zentrale Thema im Geschehen um Mose mein grenzenloses VERTRAUEN in die göttliche Führung war, kristallisiert sich in der hier betrachteten Erzählung über Josua nach meinem Empfinden mehr und mehr der Aspekt der LIEBE Gottes zu mir heraus. Indirekt handelt es sich dabei ebenso um m e i n e L i e b e zu mir selbst. Die im Folgenden zitierte Bibelgeschichte lässt uns Zeuge eines Zwiegesprächs mit Gott sein und weist uns ohne großartige Handlungen auf diese Liebe hin. Sie bildet quasi den Einleitungsteil zur anschließenden Erzählung, bei der es dann um die Eroberung Jerichos gehen wird (»Josua erobert das Land (2) – Sieg«).

>> *Nach dem Tode Moses, des Knechtes Gottes, sprach Gott zu Josua, dem Sohn Nuns und Diener Moses:* »*Mein Knecht Mose ist gestorben. Brich auf und überschreite den Jordan, du und das ganze Volk, und zieh in das Land, das ich Israel gegeben habe. Das Land, auf das eure Fußsohlen treten, will ich euch geben, wie ich Mose versprochen habe. Von der Wüste bis zum Libanon und vom Euphrat bis an das große Meer gegen Sonnenuntergang soll euer Gebiet reichen. Niemand wird deinem Ansturm standhalten, solange du lebst. Wie ich Mose geholfen habe, will ich auch dir hel-*

fen. Ich will dich nicht verlassen und nicht von dir weichen. Zeige dich stark und fest, denn du wirst diesem Volk das Land zu eigen geben, das ich ihren Vätern versprach. Sei getrost und unverzagt! Achte darauf, dass du tust, wie mein Knecht Mose dir geboten hat. Mein Gesetz soll nicht aus deinem Munde weichen. Tag und Nacht sollst du darüber nachdenken und darauf achten, dass du ihm nachlebst. Dann wirst du deine Wege glücklich beenden und deinen Auftrag erfüllen. Ich gebiete dir, getrost und unverzagt zu sein. Lass dich nicht grauen und entsetze dich nicht, denn ich bin mit dir, wohin immer du gehst.« <<

Als ich mich erstmals mit »Josua und der Eroberung Jerichos« beschäftigte, überlas ich beinahe die soeben zitierte Einführung in dieses Thema. Der vor uns liegende Text wirkt in der Tat fast etwas langweilig; es gibt kaum Handlungen und Gottes Worte an Josua, die eher Befehlen gleichen, scheinen viele Wiederholungen zu enthalten. Beim zweiten Durchlesen war ich jedoch mehr als angetan von dieser Erzählung …

Wir wissen bereits um die Bedeutung einiger vorkommender Namen. Mose, Josua und Nun sind uns schon in der »Kundschafter-Geschichte« begegnet. Obwohl schon tot, wird Mose, »der Erlöser aus dieser Welt«, oft in der Rede von Gott erwähnt. Zusammen mit Josua, dessen Name so viel heißt wie »Gott hilft« oder einfach »Heil« und »Rettung«, symbolisieren die beiden biblischen Männer bestimmte Kräfte in mir selbst. Mose und Josua sind Helfer in mir, die mich erretten können, wenn ich zu sehr oder ausschließlich von irdischen Zwängen dominiert mein Leben lebe und gestalte. Und sie sind Wegbereiter in mir, um die göttliche Einheit *in allem, was ist,* zu erahnen, zu erkennen und zu finden. In diesem Bibeltext wird die Konstellation von Gott zu Mose und Mose zu Josua deutlich betont, sie stehen wie Herr und Diener zueinander. Meiner Ansicht nach bilden beide Männer zusammen mit Gott eine starke

Phalanx göttlicher, heilender Energien, die mich tief im Herzen erlösen können, was auf rationale Weise nicht mehr erfassbar ist. Derartige nicht-rational begreifbare Qualitäten kommen auch in der erneuten Nennung von Nun als Josuas Vater zum Ausdruck. Das Wort »Nun« steht für die Zahlenqualität der >50<, welche immer einen Bezug zur unsichtbaren, jenseitigen Welt schafft, die nicht berechenbar ist und mit der ich durch meine Seele verbunden bin.

In der ganzen Geschichte spricht Gott Josua *vordergründig* Mut zu, sodass er Vertrauen zu sich selbst gewinnt. Er gibt ihm Anleitungen zur erfolgreichen Führung des Volkes Israel in das Gelobte Land sowie zur Erlangung seines eigenen Seelenheils. Dabei schenkt Gott ihm auch eine zentrale Botschaft, die für mich die Grundvoraussetzung des Glücklichseins reflektiert. Er drückt dies mit archetypisch geprägten Worten aus*: »… Achte darauf, dass du tust, wie mein Knecht Mose dir geboten hat. Mein Gesetz soll nicht aus deinem Munde weichen. Tag und Nacht sollst du darüber nachdenken und darauf achten, dass du ihm nachlebst …«* Was ist hier gemeint? Wie können wir diesen Befehl auf unser Verständnis »umschreiben«? Wir müssen ja stets bedenken, dass diese Botschaft an uns, an jede einzelne Seele gerichtet ist. Zur besseren Interpretation helfen die folgenden weiteren Angaben. Gottes Stimme in uns sagt, »… der Jordan müsse überschritten werden …« und »… *Das Land, auf das eure Fußsohlen treten, will ich euch geben …«* Der Name »Jordan« beinhaltet »Abstieg«, »es geht hinab«, und indem wir ihn überschreiten, lassen wir ihn hinter uns. Indem wir also den »Jordan« hinter uns lassen, fokussieren wir uns nicht mehr auf den »Weg nach unten«, auf unsere von der göttlichen Liebe getrennten Schicksalswelt, sondern erheben unsere Herzen. Dieses Geschehen wird von dem zweiten Bild unterstrichen, dass wir uns über das Irdische erheben sollen, indem wir *auf* *das Land mit Fußsohlen treten.* Beide Deutungen führen uns nun auch zum Gesetz, das Josua leben soll. Hier fordert Gott unsere Josuakraft auf, sich bewusst und voller Vertrauen ganz und gar dem Urgesetz zu widmen, wonach wir immer mehr lernen sollen, dass die geistige Welt über der materiellen steht und beide immer in untrennbarer Verbundenheit in der Einheit münden. Dazu möchte Gottes Stimme uns verleiten und uns ermutigen, sodass sich immer mehr Dimensionen für uns Menschen eröffnen. Der Hinweis auf *Tag und Nacht* ermahnt uns dabei eindringlich, in allen Lebenssituationen, in Licht- und Schattenzeiten, mit diesem Urgesetz in Berührung zu kommen. Es fällt uns bestimmt leicht, wenn es uns gut geht. Aber gerade in schlechten Zeiten ist die Beherzigung dieser Regel eminent wichtig.

Das ist natürlich leichter gesagt als getan! Aber ich habe als Untertitel nicht ohne Grund »Eine Liebeserklärung ganz besonderer Art« gewählt. Im *Hintergrund* von Gottes Worten an Josua können wir nämlich Energien erspüren, die reiner Balsam für unsere Seelen sind. Dort schwingt etwas noch viel Großartigeres und Machtvolleres als eine Mut machende Anleitung zum Glücklichsein mit: die Kraft der Liebe. Oft werden in der Bibel Botschaften mit wenigen Worten, verborgenen Zahlen oder symbolhaften Namen zum Ausdruck gebracht. Nicht so hier! Die oben zitierte Voraussetzung für Glück und Frieden wird regelrecht von vielen, wortgewaltigen Aussagen und Prophezeiungen umrahmt, die ich die Liebeserklärung nenne: von »… *Niemand wird deinem Ansturm standhalten, solange du lebst. Wie ich Mose geholfen habe, will ich auch dir helfen. Ich will dich nicht verlassen und nicht von dir weichen. Zeige dich stark und fest, denn du wirst diesem Volk das Land zu eigen geben, das ich ihren Vätern versprach. Sei getrost und unverzagt!* …« bis zu »… *Dann wirst du deine Wege glücklich beenden und deinen Auftrag erfüllen. Ich gebiete dir, getrost und unverzagt zu sein. Lass dich nicht grauen und entsetze dich nicht, denn ich bin mit dir, wohin immer du gehst.*«

Diese Worte sind wie die eines liebenden Vaters, einer liebenden Mutter an das Kind. Ja, wir können uns ein kleines Kind vorstellen, das im Begriff ist, etwas Neues, Unbekanntes zu erfahren. Angst und Unsicherheit sind genauso seine Begleiter wie Erwartung und Vorfreude. Immer steht es dabei vor einer Herausforderung der besonderen Art. Liebevoll nimmt nun der Vater oder die Mutter das Kind an die Hand und spricht ihm Mut zu. Vielleicht hilft es, vielleicht auch nicht. Allerdings kann dann dabei Wunderbares geschehen, wenn die gesagten Worte von der Energie der Liebe durchzogen sind. Ein derartiges Liebesband zwischen Elternteil und Kind verschafft dem Kind primär Zuversicht, in zweiter Linie und nachhaltig jedoch eine weitere notwendige Portion Liebe zum eigenen Leben sowie zur Selbstliebe.

Letztendlich kommen wir alle nur so ein Stück weiter auf dem Weg zum Glück. Mit dieser Josua-Geschichte werden wir aufgefordert, so oft wie möglich mit unserem *Herzensohr* nach einer weiteren kosmischen Liebeserklärung zu lauschen. Gottes Liebe zu uns und damit unsere Liebe zu uns und dem Leben an sich ermutigen, uns zu glauben. Zu glauben und zu wissen, dass der Tisch des Lebens für uns gedeckt ist und es keine Grenzen gibt.

Josua erobert das Land (2) – Sieg
oder
Das Leben liebt mich

Josuas Siegeszug geht weiter, jetzt wird die Stadt Jericho in Angriff genommen. Als Innengeschichte betrachtet wird mit der Eroberung Jerichos ein »Lebensraum« in mir selbst abgerissen. An dessen Stelle kann dann jedoch ein weitaus schöneres »Lebensumfeld« keimen und gedeihen. Eines, bei dem geistige und irdische Kräfte ideal zusammenwirken … doch davon später mehr.

Ich gehe nicht auf die komplette Eroberungsgeschichte ein, sondern ich fokussiere mich auf einen ganz bestimmten Aspekt, bei dem die Symbolik der Zahlen >6< und >7< das Zentrum der Botschaft bildet. Somit wird hier auch nur der betreffende Ausschnitt aus der Bibel zitiert. Diese Erzählung begeistert mich, weil sie uns alle einlädt, etwas fast Unvorstellbares, etwas Heiliges und Heilendes in unser Leben treten zu lassen. Ein himmlisches Geschenk!

>> *So brach Josua am anderen Morgen mit dem ganzen Volk Israel in Schittim auf, zog bis zum Jordan und übernachtete dort, ehe er ihn überschritt. Am Abend gab er den Befehl: »Bereitet euch auf einen heiligen Tag vor, denn morgen wird Gott in eurer Mitte Wunder tun! Seht! Die Lade Gottes, des Herrn der ganzen Erde, wird vor euch her den Jordan überqueren. Wenn dann die Fußsohlen der Träger der heiligen Lade im Wasser des Jordan fest stehen, wird das Wasser fallen.« Da brach das Volk aus seinen Zelten auf, um den Jordan zu überschreiten. Die Träger der Lade gingen voraus, und als die Träger bis an den Jordan gelangten und ihre Füße in den Jordan tauchten, staute sich das Wasser. Das von*

oben her kommende Wasser verharrte ferne bei der Stadt Adam, das zum Salzmeer abfließende verlief sich völlig. Und während das Volk Jericho gegenüber den Fluss überschritt, standen die Träger der Lade auf trockenem Boden mitten im Flussbett, bis ganz Israel hinübergelangt war. <<

An dieser Stelle möchte ich die Geschichte in zwei Hälften teilen. So kann zunächst erst einmal wieder eine »Standortbestimmung« durchgeführt werden. Wie immer sollen wir uns fragen: Wie sieht es in mir aus? Welche Kräfte wirken in mir? Derartige Fragen sind hilfreiche und notwendige Voraussetzungen, um das eigene Leben bewusst mittels der >Sechs< zu meistern, zu gestalten, Schöpfer zu sein. Im weiteren Teil der Erzählung erfahren wir dann von dieser >Sechs< und den eigentlichen menschlichen Transformationsprozessen. Dort werden wir regelrecht zum *Glücklichsein angeleitet* und liebevoll *zum Leben geführt*.

Doch nun zur Geschichte. Der erste Satz gibt uns interessante Aufschlüsse über polare Situationen im Leben. Da gibt es das *Volk Israel* und den *Jordan*, den Morgen, der die Helligkeit bringt, und die angedeutete Nacht mit ihrer Dunkelheit. Wir alle kennen Zeiten im Leben, in denen wir der göttlichen Energie und Liebe nah sind oder sein wollen. Zeiten, in denen Gott für uns *kämpft* und wir zusammen mit ihm. Das ist hier mit dem *Volk Israel* im Sinne einer Innengeschichte gemeint. Den *Jordan* kennen wir schon aus der vorherigen Josua-Erzählung. Er heißt übersetzt »Abstieg« und symbolisiert die dunklen Zeiten unseres Lebens, in denen wir glauben, es gehe nur hinab. Diese »Anlagen« – so möchte ich unsere inneren *Israel-* und *Jordan-*Seelenanteile einmal nennen – tragen wir in uns, zwischen ihnen spannt sich unser Lebensbogen auf.

Josua, dessen Namensübersetzung »Heil« und »Rettung« signalisiert, spricht nun aus meiner Herzensmitte zu mir und verheißt etwas Heiliges, denn wir sollen tief in unserer Mitte, das heißt tief in unser jeder Herz, die göttliche Macht spüren. In der einleitenden Geschichte zur Eroberung Jerichos »Josua erobert das Land (1) – Vorbereitungen oder Eine Liebeserklärung ganz besonderer Art« werden wir ja mit dem notwendigen Vertrauen in das eigene und von Gott geführte Leben ausgestattet. Hier wird unser inneres ICH nun auf etwas Heiliges vorbereitet, nämlich auf eine spirituelle Anleitung zum Umgang mit den beiden oben erwähnten Polen, die jedes menschliche Leben ausmachen und deren Auswirkungen jedes Leben prägen.

Angst brauchen wir dabei nicht zu haben, denn unsere Seele wird angeführt und geleitet. Im Text heißt es so schön: *»Die Lade Gottes, des Herrn der ganzen Erde, wird vor euch her den Jordan überqueren. Wenn dann die Fußsohlen der Träger der heiligen Lade im Wasser des Jordan fest stehen, wird das Wasser fallen.«* Ich verbinde die *heilige Lade Gottes* mit dem Bild eines permanent vorhandenen und ohne Zeitunterschiede »begehbaren« Verbindungskanals zur allgegenwärtigen göttlichen Liebe und Energie. Der Teil unseres Selbst, der um Gottes Gegenwart weiß (hier symbolisiert durch das *Volk Israel*), lässt sich bei den anstehenden Aufgaben und Herausforderungen führen. Und Herausforderungen gibt es allemal, bevor wir die Mauern Jerichos in uns niederreißen und Platz für Neues schaffen können.

In diesem Bibeltext ist viel vom Wasser des Jordan die Rede. Es wird sogar gestaut und fließt an anderer Stelle wieder ab, sodass es sinkt. Hier handelt es sich nicht um rational begründbare Vorgänge. Nein, der Text will uns vielmehr auf etwas anderes hinweisen. Wasser – und hier das Wasser des Jordan, des »Abstiegs« – verbildlicht übergeordnet unser ganz normales, alltägliches Leben mit all seinen Nöten und Zwängen. Im Zusammenhang dieser Geschichte stößt das Jordanwasser uns mit der Nase zudem noch auf einen ganz bestimmten Aspekt. Wenn unser Alltagsgeschehen uns in einer Art und Weise dominiert, dass wir keinen Raum für die geistigen Aspekte unseres Lebens haben, wenn wir mehr und mehr vom »Wasser« vereinnahmt werden, dann müssen wir den »Jordan« zunächst irgendwie überwinden. Wir alle kennen dies. Das Tagesgeschäft beherrscht uns nur allzu oft, wir fühlen uns als Getriebene unserer Zeit. Die Arbeit in Familie und Beruf steigert leicht die innere Unruhe, nie gut oder schnell genug zu sein, und so weiter. Das Wasser des Jordan verschlingt uns regelrecht. Kürzlich sagte eine berufstätige Mutter während einer Veranstaltung Folgendes: »Ich stehe morgens auf und mein Kampf gegen die Zeit beginnt.« Zutreffender kann man es fast gar nicht ausdrücken! Ein erster Schritt in die erlösende Richtung ist, sich dieser Realität bewusst zu werden. Gepaart mit der bewussten Vereinigung mit Gott kann dann unser »Israel«teil »trockenen Fußes« den Jordan überqueren. Erst dann ist eine spirituelle Weiterentwicklung möglich. Dazu geht es jetzt weiter nach Jericho!

>> *Jericho wurde von den Israeliten eingeschlossen, sodass niemand heraus- oder hineingehen konnte. Da hörte Josua die Stimme Gottes: »Ich habe Jericho samt seinem König und seinem Heer in deine Hand gegeben! Lass den ganzen Heerbann rund um die Stadt ziehen, sechs Tage lang. Am siebten Tag sollt ihr die Stadt siebenmal umziehen. Wenn dann die Posaune geblasen wird, soll das Volk das Kriegsgeschrei erheben, die Mauer der Stadt wird zusammenfallen, und jeder aus dem Heerbann soll sie an der Stelle, an der er gerade steht, übersteigen.« So umzogen sie die Stadt einmal an jedem Tag und kehrten ins Lager zurück. Am siebten Tag brachen sie auf, als die Morgenröte aufstieg, und umzogen die Stadt siebenmal. Beim siebten Mal gab Josua den Befehl: »Erhebt das Kriegsgeschrei, denn Gott hat die Stadt in eure Hand gegeben!*

Die Stadt und alles, was in ihr ist, soll Gott gehören! Ihm soll alles geopfert werden!« Da erhob das Volk das Kriegsgeschrei, die Mauer stürzte zusammen, und die Männer stiegen in die Stadt ein, jeder dort, wo er gerade stand, und eroberten die Stadt. <<

Bevor ich auf die oben erwähnte spirituelle Weiterentwicklung genauer eingehe, möchte ich noch einige Gedanken zu Jericho und seinen Mauern äußern. Jericho bedeutet »Mondstadt« (s. auch »Jesus und der Blinde oder Das Erwachen einer neuen Persönlichkeit«) und der Mond symbolisiert immer das Menschendasein innerhalb bestimmter Begrenzungen. Die Begrenzungen bestehen darin, dass ein Mensch, der in der »Mondstadt« lebt, in seinem Geist und seinem Empfinden nur auf Werte der äußeren Welt ausgerichtet ist. Dieser Mensch kennt keine geistigen Kräfte. All sein Glück liegt im Erreichen und Erschaffen materieller Werte, im Erlangen von Anerkennung durch andere, in äußeren Statussymbolen, im Erzwingen und im »Ich schaffe das schon alleine«, um nur ein paar Beispiele zu nennen. Der Name Jericho besitzt außerdem die Bedeutung »Duftort« und »duftend«. Und lassen wir uns nicht alle immer wieder von den gerade genannten Wertvorstellungen wie von einem herrlichen Duft betören?

Die begrenzende Lebenshaltung des ausschließlich irdisch-materiell denkenden und handelnden »Jerichobewohners« ist stets verknüpft mit dem Abgetrenntsein von der himmlischen Komponente im Leben. Hier gilt es jetzt, nach Befreiung zu streben. Früher oder später hört jeder mit Sicherheit die Stimme der eigenen Seele, die uns sagt, dass die wahre Erfüllung und das Glücklichsein im Leben von anderen Faktoren abhängen. Der Aspekt der »Mondstadt« ist meiner Meinung nach als ein wichtiger Bestandteil im Inneren von uns allen verankert, und wir werden immer wieder von der unsichtbaren Welt aufgefordert, den Zeitpunkt zu erkennen und die Mauern von Jericho in uns selbst niederzureißen. Denn es gibt kein zutreffenderes Bild für die Begrenzungen, die wir uns selber auferlegen, als die Mauern Jerichos. Wenn es uns aktiv gelingt, die Mauern in uns zum Einsturz zu bringen, dann kann auch der entgegengesetzte Pol des Mondes in unserem Leben wirken. In der Symbolsprache von Bibel, Märchen und Mythen ist dieser andere Pol die Sonne.

Eines noch, bevor es weitergeht. Schon als Kind konnte ich mir schwer vorstellen, dass das Blasen von Hörnern und Posaunen eine steinerne Stadtmauer einstürzen lassen kann. Jetzt weiß ich natürlich, dass es sich nicht um die Schilderung eines real existierenden physikalisch-akustischen Resonanzeffektes handelt, der Gläser, Scheiben und anderes zu Bruch gehen lässt, so ähnlich, wie es der Held in Günter Grass' »Blechtrommel« geschehen lässt. Vielmehr wird in der zweiten Hälfte dieses biblischen Textes er-»zählt«, wie wir in Teamarbeit mit der göttlichen Energie und Liebe des Universums die Sonne in unser Leben lassen können. Der von mir gewählte Untertitel »Das Leben liebt mich« wird zu einer wahren und kraftvollen Aussage meines Lebens.

Allein fünfmal wird die Zahl ›7‹ im zweiten Teil dieser Geschichte genannt. Noch deutlicher können wir nicht auf diese heilige Zahl hingewiesen werden (s. auch Kapitel *»Die hebräische Zahlensymbolik oder Was Zahlen er-zählen«*). Der Einzug der Zahlenqualität ›Sieben‹ in unser Leben ist das himmlische Geschenk, von dem ich im einleitenden Abschnitt zu dieser Bibelerzählung sprach. Bevor ich es jedoch als Mensch in Empfang nehmen darf, scheint ja noch viel Lautes und Kriegerisches geschehen zu müssen. In der Tat, um die Mauern Jerichos einstürzen zu lassen und um mich vom König der »Mondstadt« samt seinem Gefolge als Regent und Besatzer meines Inneren zu befreien, muss ich einer ganz bestimmten Anleitung Folge leisten. Diese Anleitung wird durch Gottes Stimme kundgetan und beschreibt ein universelles Gesetz der Welt und wie dieses funktioniert. Bevor die >7< geschehen kann, muss der *Heerbann rund um die Stadt ziehen, sechs Tage lang.* Hier kommt die Qualität der >6< ins Spiel. Der Teil meines ICHs, der zusammen mit der kosmischen, göttlichen Kraft sozusagen den *Heerbann des Volkes Israel* bildet, will die >Sechs< und damit die Voraussetzung für das Eintreffen der >Sieben< leben. Da nun das Leben der >6< etwas Vergleichbares zu einem inneren Kampf darstellt, ist die hier gebräuchliche Symbolsprache des Krieges nichts Ungewöhnliches. Aber wie lebt man denn eigentlich die >6<?

Zuallererst muss ich akzeptieren, dass ich nicht nur das eine erleben, haben oder sein darf, sondern auch das andere erlebe, habe oder bin. Ich bin nicht nur der liebe Mensch, bin nicht stets gesund, habe nicht nur Erfolge, bin nicht permanent glücklich, habe es nicht immer superleicht und so weiter. Mein Leben spielt sich nicht ausschließlich auf einer Seite ab, sondern mein ganzes Leben sowie der Mensch an sich basieren auf Polarität. Also bin ich auch der böse Zeitgenosse, bin manchmal krank, fahre auch Rückschläge oder Misserfolge ein, bin auch einmal unglücklich, habe es auch schwer usw. Die Qualität der >6< sagt mir nun, dass ich a l l e s in mein Leben holen muss, um es bewusst und gewollt miteinander zu verbinden. Und dabei geht es um ganz praktische Hausaufgaben im ganz normalen Leben hier auf Erden. All meine Furcht oder Zwänge in Bezug auf etwas Alltägliches soll ich mir anschauen, um sie mit den Gedanken und Gefühlen des Vertrauens und meiner Liebe zu den Dingen zu paaren. Ich muss lernen, scheinbar unvereinbare Ereignisse, Beweggründe meiner seelischen Verfassung, Situationen mit anderen Menschen, alles das, was ich automatisch bewerte, usw. mit dem Gegenpol all dessen zu verbinden. Das kann ich aber nur, wenn ich mich zuvor aus den

Strudeln des Jordan befreit habe und mich geistigen Gesetzen öffne. Ansonsten bleibe ich ein Gefangener in meinen eigenen Jerichomauern und mache »Gott und die Welt« für mein Leben verantwortlich. Wenn ich diese bewusste Lebensweise einnehme und derartige »Reinigungsschritte« unternehme, dann kann die >7< in meinem Leben geschehen, dann »neigt sich der Himmel zur Erde« und meine Seele erfährt reine Freude! Dies kann sich natürlich auch im äußeren Leben manifestieren. Denn ich gewinne im »Umgang« mit den unsichtbaren, himmlischen Kräften eine neue Dimension, wodurch Erfüllung in meinem Herzen sowie eine neue Qualität in meinem Leben existieren. Dieses Prinzip der >Sechs< und der >Sieben< funktioniert immer und gilt für jeden. Wir erfahren ja im Text, dass ein jeder *an der Stelle, an der er gerade steht, die Mauer übersteigen soll.* Da, wo ein jeder gerade im Leben steht, soll das Gesetz der >6< befolgt werden.

Seitdem ich mich mit derartigen kosmischen Gesetzmäßigkeiten beschäftige und die Qualität der Zahlen in meinem Leben immer mehr Raum gewinnen lasse, habe ich schon das eine oder andere Mal die >6< und die >7< erlebt. Mein »Übungsfeld« für Reifungs- und Transformationsprozesse ist oft das Berufsleben. Ich habe mittlerweile schon oft erlebt, dass aufkommende Ängste und Zweifel – entweder vor der Zukunft oder aus der Vergangenheit stammend – oder etwa die sogenannte »Angst vor der eigenen Courage« mich immer dann weitergebracht haben, wenn ich sie mir genau angeschaut und die dahinterliegenden Gründe ermittelt habe. Wenn ich dann noch aktiv und mit Bewusstheit meine Arbeit aus einer Grundstimmung von Liebe und Vertrauen verrichte, geschieht immer öfter etwas Wunderbares. Ich »operiere« mehr und mehr mit himmlischen Energien, Engeln oder wie immer man diese Kräfte der geistigen Welt auch bezeichnen mag. Ich tue bewusst meinen Teil bei der Arbeit und lasse die unsichtbare Welt ihren

Teil tun. Oftmals tauchen dann Lösungen, Wendungen oder Hilfen auf, die gar nicht »so abzusehen waren«. Aber es passiert auch etwas Wunderbares in mir. Gefühle des Getragenseins entfalten sich und ich fühle mich im Fluss des Lebens. Die Momente und Gelegenheiten, in denen ich das erlebe, sind Geschenke der >Sieben<; halt himmlische Geschenke. Ich muss sie jedoch noch dankbar annehmen können.

Ich wünsche allen Menschen, dass sie fest in ihren »Wassern des Jordan« stehen und die >6< in ihrem Leben und Umfeld praktizieren. Dann können ganze Mauern einstürzen und die >7< geschieht immer öfter.

David und Goliath
oder
Der Kampf um die grenzenlose Freiheit

Wenn ich in meine Kindheit zurückblicke und mich frage, welche Geschichten aus der Bibel mir aus dieser Zeit präsent sind, so gehört »David und Goliath« mit zu den ganz wenigen, an die ich mich erinnere. Dass ein Junge einen so großen und starken Krieger besiegt, ist ja einfach auch faszinierend! Doch auch noch heute – oder gerade heute? – übt diese Erzählung eine große Faszination auf mich aus. »David und Goliath« handelt von einem Kampf, es wird uns eine kriegerische Auseinandersetzung nahegebracht, wie so oft im Alten Testament. Doch selbst wenn Köpfe abgeschlagen werden, dürfen wir im Folgenden all unsere Angst vor martialischen Grausamkeiten ablegen. Die kriegerischen Auseinandersetzungen zwischen den Israeliten und Philistern sind im übertragenen Sinne unserer Lesart notwendig und gut, die Schlachtszene mit David und Goliath besitzt in fundamentaler Weise einen befreienden Charakter, der uns alle erlöst. Erlösung und Freiheit sind dabei auf verschiedenen Ebenen möglich, wie wir im weiteren Verlauf dieses Textes sehen werden. Diese Davidgeschichte schenkt uns eine doppelt funktionale Botschaft: Sie reflektiert den inneren Kampf unseres »David«teils mit unserem »Goliath«part und demonstriert so auf einer bestimmten Qualitätsebene die eigene Zerrissenheit. Denn auch diese »zwei Herzen schlagen in meiner Brust«! Und wie immer finden wir die beiden Akteure auch als Spiegel in der Außenwelt, unserem irdischen Alltagsterrain. Bevor wir das »David/Goliath-Fenster« unserer Seele öffnen und die Geschichte aus dem Ersten Buch

Samuel erforschen, möchte ich zum Einstieg in die Thematik von folgender Begebenheit berichten …

Sie handelt von einem Mann – nennen wir ihn Herrn G. –, der inmitten unserer Gesellschaft zusammen mit seiner Frau ein friedliches, glückliches und mit allen Vorzügen des Bürgertums ausgestattetes Leben zu führen scheint. Nun, Herr G. hält dies nicht nur für Schein, es ist so und er hat es sich verdient. Da sollen doch die Neider seinetwegen gucken! Er wusste halt schon immer, was er wollte, und hat es auch so manches Mal hart erkämpfen müssen. Für außenstehende Betrachter stehen er und seine Frau mit ihren knapp fünfzig Jahren gut da in ihrer kleinen Gemeinde.

»Von nichts kommt nichts«, murmelt Herr G. leise vor sich hin, »ich habe schwer dafür gearbeitet, beruflich wie privat, und dabei so manchen meiner Zeitgenossen überholt, die es ja so oft besser wussten. Ha!« Tatsächlich hat Herr G. es in seiner Firma zu etwas gebracht, wobei er nicht immer zimperlich in der Wahl seiner Mittel war. Seine Ängste vor dem eigenen Versagen hat er in geschickter Art und Weise ausgeblendet, indem er seinen Mitmenschen Angst machte. Kollegen drohte er des Öfteren, Mitarbeiter setzte er unter Druck, alles lief kontrolliert ab. Er war sich dabei seines Tuns nicht bewusst, es war und ist halt »seine Art«. Alles, was er wollte, hatte zu geschehen und … der Erfolg gibt ihm schließlich recht.

So auch im privaten Leben, wenn dort auch manchmal etwas dezenter. Vor 22 Jahren lernte Herr G. seine Frau kennen, beide waren heftig ineinander verliebt. Sie mochte seinen Humor, seine Selbstsicherheit und Ambitionen und sie konnte zu ihm aufblicken. Ihr gemeinsames Leben dauerte noch nicht so lange an, da erkannte sie sehr wohl, dass hinter der Fassade ihres Mannes ein anderer Mensch existierte. Alles hatte nach seiner Pfeife zu tanzen und Herr G. hatte auch alles zu Hause »im Griff«. In den ersten Ehejahren versuchte sie des Öfteren, ihm andere erstrebenswerte Ziele im Leben nahezubringen, ihm von der Reise in die eigene Seele und in die anderer Menschen zu erzählen. Herr G. hörte weder auf sie noch nahm er sie für voll und ließ sie es deutlich spüren. Mit der Zeit resignierte sie unbewusst und gab sich und ihren Mann innerlich auf.

Ja, beide stehen mitten im Leben, unglücklich und unerfüllt. Herr G. hat den Kampf gewonnen und … beide haben verloren.

Merkmale der soeben geschilderten Kurzcharakteristik von Herrn G. werden uns bei der Bearbeitung der »David/Goliath«-Beziehung begleiten. Übrigens, sein anonym gewählter Name »Herr G.« spielt bereits auf den Antagonisten Goliath der nun folgenden Bibelgeschichte an.

»Die Golem-Partei«
>> Die Philister sammelten ihr Heer bei Socho in Juda. Auch Saul und die Männer Israels hatten sich gesammelt, lagerten im Eichgrund und ordneten sich zum Kampf gegen die Philister. Die standen an dem Berghang nach der einen, die Israeliten am Berghang nach der anderen Seite, sodass das Tal zwischen ihnen lag. Da trat aus den Reihen der Philister ein Einzelkämpfer hervor mit Namen Goliath, der war sechs Ellen und eine Spanne hoch. Er hatte einen Helm auf dem Haupt und trug einen Schuppenpanzer, und das Gewicht seines Panzers betrug hundert Pfund Bronze, er hatte eherne Schienen an den Beinen und ein Krummschwert aus Bronze über der Schulter. Der Schaft seines Speeres war so stark wie ein Weberbaum, die Spitze seines Speeres wog zwölf Pfund Eisen, und der Schildträger schritt vor ihm her. Er stellte sich hin und rief dem Heer Israels zu: »Warum zieht ihr aus und rüstet euch zum Kampf? Wählt einen aus unter euch, der zu mir

herabkommt! Hat er die Kraft, mit mir zu kämpfen und mich zu erschlagen, dann wollen wir eure Sklaven sein. Bin ich aber ihm überlegen und erschlage ihn, so sollt ihr unsere Sklaven sein und uns dienen! Ich verhöhne heute die Reihen Israels und sage: Gebt mir einen Mann und lasst ihn mit mir kämpfen!« Als Saul und das ganze Heer diese Worte hörten, erschraken sie und fürchteten sich sehr. <<

Wenn wir diesen ersten biblischen Textabschnitt ausschließlich als eine real ablaufende »Außen«geschichte verstehen, könnte uns durchaus ein Gruseln überfallen. Martialisch drohend besitzen diese Zeilen durchaus das Potenzial, einem Menschen Angst einzuflößen. Aber wir werden uns in gewohnter Manier alle Akteure, Erscheinungen, Dekorationen und Handlungen auf der Seelenbühne ansehen und schon recht bald wieder die uns so lieb gewonnene Verbundenheit spüren. Dazu helfen einige Erläuterungen zur Symbolhaftigkeit der ersten drei Sätze, in denen im übertragenden Sinne »alles enthalten ist«.

Tief in unserem Inneren befinden wir uns *bei Socho in Juda*. »Juda« ist das »Land der Gepriesenen« und »Socho« das »Dornengehege« oder die »Dornenhecke«. Der Charakter unserer Befindlichkeit lässt sich somit als die »Dornenhecke im Land der Gepriesenen« beschreiben, was auf einen Gegensatz hinweist. Eindeutiger kommt der Gegensatz durch die Erwähnung der *Philister und der Männer Israels* zum Ausdruck. Wörtlich übersetzt sind die »Philister« »Fremdlinge«, »Eindringlinge« und die »Männer Israels« sind »die, die mit Gott kämpfen« und »die, für die Gott kämpft«. Zwei gegnerische Parteien treffen sich an einem Ort, der einerseits Verheißung in purer Form bedeutet und andererseits Begrenzung und Schmerz ausdrückt. Sie stehen sich an Berghängen gegenüber, die entstehende Spannung ist fast spürbar. Die Spaltung oder die Opposition in uns selbst und in unserem äußeren Leben wird hier angesprochen. Diese »örtliche Umschreibung« symbolisiert schon den späteren Kampf von David gegen Goliath. Die allgegenwärtige Polarität als Lebensprinzip wird hier wieder einmal deutlich, wie sie auch als Leitfaden durch diese Erzählung geht. Die Dornen im Leben akzeptieren und überwinden im Wissen, dass jenes beengende Gehege mitten im befreiten Raum kosmischer Liebe und Einheit existiert!

Soviel als Einleitung, nun tritt Goliath auf den Plan. Sein Name gibt uns reichlich Aufschluss über ein bestimmtes Element im Menschen. Er ist ein »Vertreiber«, »Verbannter«, einer, der das Exil schafft. Um in mir selbst abzutauchen und die eigene Tiefe zu erforschen, sehe ich Goliath gerne als Inbegriff für die Trennung von Gott. Dieses Bild hilft mir, Goliath in der Seelenlandschaft einzuordnen. Mit dem Wortteil »Gol« steckt eine weitere Nuance in diesem Namen. »Gol« heißt »äußere Form« und »Golem« bezeichnet ein »Wesen ohne Seele«. Die »Golem«-Eigenschaft finde ich so treffend für die Grundstimmung des ersten Abschnitts, dass ich diesen gleich so überschrieben habe. Wie wird er uns in der Bibel beschrieben und wie kann ich den »Goliath«-Aspekt auf das Leben übertragen?

Wie so oft gibt es mehrere Aspekte einer Qualität. Die »Goliath«ebene unserer Seele können wir beispielsweise bei einer Innenschau suchen und tief in uns verborgen das eigene Exil entdecken, in dem wir vielleicht stecken. Wir können aber auch unsere Umwelt betrachten und dort als Spiegel Mitmenschen und Begebenheiten erblicken, die »seelenlos« zu sein scheinen. Mittels starker Egokräfte, die uns Dämonen gleich unsichtbar im Gefängnis unserer alten Konditionierungen gefangen halten, wird das eigene Leben und das von anderen Menschen beherrscht. Parallelen finden wir in dem eingangs geschilderten Lebensausschnitt des Herrn G. Viele Worte im ersten Erzählabschnitt des Bibeltextes sind der Beschreibung von Goliaths Erscheinung gewidmet: Seine Größe wird hervorgehoben, es werden detaillierte Angaben zu seiner Rüstung und seinen Waffen gemacht. Übertragen wir diese äußerlichen Merkmale in die Welt von Geist und Psyche, so kann hier festgehalten werden: Wir scheinen es mit einer übermächtigen Kraft zu tun zu haben, die stets sichtbar im Vordergrund steht und uns lautstark regiert. Des Weiteren geht das Ausleben der »Goliath«kräfte eng einher mit dem Anlegen eines schweren, undurchdringlichen Panzers, mit dessen Hilfe sich der Mensch von der unsichtbaren Geistwelt abkapseln kann. Viel mehr noch: *Der Schildträger schritt vor ihm her.* Goliath sucht doppelten Schutz vor der göttlichen Welt. Dies werden wir später in der direkten Begegnung mit David deutlich beobachten können. Dass die Goliathkräfte die Begegnung oder gar die Berührung mit göttlichen Energien vermeiden wollen, wird durch die öffentliche *Verhöhnung der Reihen Israels* deutlich. Es geht um die Vorherrschaft der Kräfte, die im Menschen selbst und in der Gesellschaft gelten sollen, was eindeutig durch das gewählte Vokabular zum Ausdruck kommt (»kämpfen«, »erschlagen«, »Sklaven«). Ein Philister wie Goliath, der nichts von den göttlichen Dimensionen des Lebens wissen und sein Glück nur mittels irdisch-äußerer Mittel (= seine Waffen!) erzwingen will, ist auch im Mit- und Gegeneinander unserer Zeit allgegenwärtig. Geben nicht viele Menschen, wie von unsichtbaren Fäden aus Angst, Wut, Groll, Schuldgefühlen, Hass oder Aggressionen gelenkt, alles, um ihr Leben in den Griff zu bekommen, wobei sie bewusst andere unsichtbare Dimensionen des Universums ausklammern? Ein typisches »Philister«-Attribut passt hervorragend in diesen Kontext und Goliath ist ein Vertreter par excellence. Als ein Mensch, der nur auf seine eigenen Kräfte und Potenziale vertraut und sein »Menschsein« nur mit Dingen und Wesenheiten der äußeren Welt in Verbindung bringt, gehört er auch zu denjenigen, die mit aller Macht auf dem kurzen »Ego«-Weg ihre Ziele erreichen möchten, ohne die lebenswichtigen Lektionen lernen zu wollen, die individuell auf jedem spirituellen Reifungsweg liegen und uns auf einer bestimmten Ebene zur universellen Einheit zurückkehren lassen.

Von einer anderen Warte aus gesehen ist Goliath manchmal auch der wütende Krieger im Herzen jedes Einzelnen. Viele kennen bestimmt den Zustand, vom eigenen göttlichen Kern getrennt zu sein. Das tiefste Innere ist dann »zugepanzert«, sodass wir und andere Menschen keinen Zugang zu unserer Seele haben. Ein derartiger »Goliath«grat ist für jeden Menschen und seine derzeitige seelische Entwicklungsstufe unterschiedlich ausgeprägt. Wenn sich dieser Krieger unüberhörbar laut in mir gebärdet, traue ich mich nicht, an eine höhere Macht zu glauben oder gar darauf zu vertrauen. Ich leugne sie sogar. Vielmehr schalte und walte ich im Zeichen der Vernunft, als reiner »Ratio-Mensch«. Ich ergründe dann nicht den Grund meines Herzens und die Tiefen meiner Seele. Wozu auch? Alles regele ich über meinen Verstand mit meinem erworbenen Wissen und nach den Gesetzen der Spaltung. Ich beobachte, (ur)teile, bewerte, kategorisiere, identifiziere Schuldige usw. Mich selbst zu ergründen halte ich für überflüssig und nicht zielführend. Was ich im Moment meines »Goliath«seins nicht weiß: Ich habe eine immense Angst vor dem, was ich in den Tiefen meiner Seele vorfinden könnte, und verleugne diesen Teil unbewusst. Kürzlich schaute ich mir einen Fernsehfilm an, in dem die »Ratio«-Vorherrschaft deutlich zum Ausdruck gebracht wurde. Einer der Hauptdarsteller spielte einen Chirurgen, der Folgendes sagte: »Ich habe bestimmt schon 20 000 Menschen aufgeschnitten, aber eine Seele habe ich nie gefunden.« Einfacher und direkter kann man das Göttliche nicht negieren; hier vollführt die Goliathkraft hervorragend ihren Dienst.

Bevor wir uns im nächsten Kapitel der Ankündigung von Goliaths Gegenpol widmen, sind an dieser Stelle noch ein paar Erläuterungen zum König Saul angebracht. Saul ist ein ständiger Akteur auf dieser Seelenbühne und hat im Verlauf der gesamten Geschichte immer wieder seinen Auftritt. Sein Wesen und damit seine Qualität, bezogen auf unsere Innenwelt, ist eng verknüpft mit dem »David«wesen, was wir weiter unten im Zusammenhang mit David noch sehen werden. Nach meiner ganz persönlichen Einschätzung verkörpert Saul hier eine »Zwitter«rolle. Seinem Namen nach ist er der »Erbittende«, dem das Suchen nach Gott zu eigen ist. Er hat in seinem gesamten Leben stets eine Beziehung zu Gott. Allerdings muss er ihn im Äußeren der Welt suchen, wodurch eine gewisse Verbindung zum Philisterwesen geschaffen ist. Somit übernimmt Saul im übertragenden Sinne eine wichtige Vermittlerfunktion in der notwendigen Austragung des Philister-Israeliten-Konfliktes. Doch lassen wir nun erstmals »David«energie auf und in uns wirken …

»Die unsichtbare Kraft«
>> Nun war David der jüngste von acht Söhnen. Sein Vater Isai aus Bethlehem war in den Tagen Samuels schon zu alt, um noch in den Krieg zu ziehen, aber seine drei ältesten Söhne waren mit Saul in den Krieg gezogen, Eliab, Abinadab und Schima. Inzwischen kam der Philister Goliath morgens und abends und stellte sich hin, vierzig Tage lang. Da sprach Isai einmal zu David: »Nimm doch für deine Brüder diesen Sack gerösteter Körner und diese zehn Brote! Eile und bringe sie ihnen ins Lager. Und diese zehn frischen Käse bringe dem Hauptmann und sieh nach den Brüdern, ob es ihnen gut geht, und lass dir ein Pfand von ihnen geben. Saul und sie selber und alle Männer Israels stehen im Eichgrund im Kampf gegen die Philister.« <<

Wir haben zuvor so viel von der möglichen Trennung unsererseits von Gott gehört. Jetzt erfahren wir im biblischen Text von anderen Kräften und Qualitäten. Wenn wir getrennt sind und anscheinend keinen Zugang zu unserem Herzensgrund haben, gibt es dennoch eine tief verwurzelte Kraft in uns, die uns mit der allumfassenden göttlichen Liebe verbinden will und … unsichtbar ist: die »David«kraft. Sie wird uns in zarter Weise vorgestellt, reichlich eingebettet in die Symbolik hebräischer Namen und Zahlen kosmischer Ordnung.

Der soeben noch Gott und sein Volk verhöhnenden Stimme Goliaths werden nun eine Reihe von weiteren Akteuren unseres Seelenschauspiels gegenübergestellt. Wir erfahren mit Isai, Samuel, Eliab, Abinadab, Schima und nicht zuletzt mit David indirekt von Qualitäten, die uns direkt mit unsichtbaren göttlichen Energien in Kontakt bringen. Und welche Fülle diese Namen ausdrücken! Es ist kein Zufall, dass genau jene Namen und Wesen neben David in der Textpassage vorkommen; sie erzählen alle von Gott. Da ist Davids Vater »Isai« aus der »Brotstadt« »Bethlehem«, der »Geschenk Gottes« sowie »Gott existiert« heißt. Der genannte Prophet »Samuel« kann mit »sein Name ist Gott« oder auch mit »ich bin erhört von Gott« übersetzt werden. Somit bringen schon diese beiden Wesen eine ganz andere Qualität in die Geschichte ein, sodass nun ein merkliches – wenn vielleicht auch nur leise zu vernehmendes – Gegengewicht zur goliathschen Macht aufgebaut wird. Unterstützt wird diese Qualität auch durch die Aufzählung der *drei ältesten Söhne … Eliab* (»dem Gott Vater ist«), *Abinadab* (»Vater ist freigebig«) *und Schima* (»Ruhm, Kunde Gottes«). Hier werden nun Strömungen in unseren Herzen angesprochen, die genauso wie die »Golem«seiten in uns existieren, uns jedoch helfen wollen, den »Himmel auf Erden« im tiefen Inneren zu finden oder zu erschaffen. Sie alle bilden ein spirituelles Gefüge um die »David«kraft; sie helfen im Verborgenen, dass wir unseren »David«teil, welcher permanent mit der unsichtbaren göttlichen Energie des Kosmos verbunden ist, entdecken oder erwecken. Derartige namens- oder zahlensymbolische Zusammenhänge faszinieren mich jedes Mal aufs Neue! Was wird uns nun mit David vermittelt, der gleich im ersten Satz dieses biblischen Teilabschnitts mit *David als der jüngste von acht Söhnen* vorgestellt wird? Wörtlich übersetzt bedeutet David »der von Gott Geliebte« und wird דוד geschrieben (Daleth-Waw-Daleth, >4-6-4< mit einem Gesamtzahlenwert von >14<). Um es gleich vorwegzunehmen: Ein jeder von uns kann David sein. Es ist dieser tief in uns verborgene Teil, der eine bestimmte Sehnsucht ausdrückt. Eine Sehnsucht, die vergleichbar ist zum Auffinden unseres inneren Christus. (Zu diesem »Vergleich im Geiste« passt meiner Ansicht nach auch, dass Jesus aus dem Hause Davids stammt.) Der »David«teil in unserem Innenleben sorgt für die intensive Pflege des Kontaktes zu Gott. Unsere Beziehung zu Gott als ein intimes Geschehen im Herzen eines jeden wird durch die »David«qualität bestimmt. Wir können sie durch Gebet und Meditation bestens unterstützen. David weiß bereits, was Gott (vom Menschen) will, er trägt die Verbindung zu ihm ja in seinem Namen. Der Zahlenwert >14< ist dabei als die Qualität >1-4< zu sehen, in der die universelle göttliche Einheit, die >1<, mit allem Irdischen, der >4<, auf ewig verbunden ist. Im Gegensatz zu Saul, der ebenfalls eine bestimmte Beziehung zum Göttlichen pflegt, aber auf die Unterstützung der unsichtbaren Welt angewiesen ist (er muss oft von Gott »aufgefordert« werden), hat David die Beziehung zu Gott total verinnerlicht, er weiß um ihre Existenz in seinem Herzen. Interessanterweise wird David dem Leser auch gleich als »jüngster« von >acht< Söhnen vorgestellt. Wir wissen nur allzu gut, dass sich dahinter eine Botschaft verbergen muss. Die Qualität der >8< weist immer auf etwas aus der verborgenen Welt hin, was natürlich trefflicherweise zum Wesen Davids passt. Dass er der »jüngste« Sohn von Isai ist, hebt das Auserwähltsein Davids hervor und unterstreicht den erlösenden Charakter des kleinen Jungen oder Hirten (s. auch »Die Brotvermehrung«). Ausgerüstet mit dem Wissen um die Namen, die wie strahlende Lichter das eigene Innere erhellen, gehen wir nun weiter durch die Erzählung.

Auch in diesem zweiten Teil der Bibelgeschichte »Die unsichtbare Kraft« werden wir auf den existierenden Zwist auf unserer Seelenbühne aufmerksam gemacht. Die »Golem-Partei« und das Bündnis »Unsichtbare Kraft« kämpfen in uns und um uns herum, denn *der Philister Goliath kam morgens und abends und stellte sich hin, vierzig Tage lang.* Goliath erscheint ›zwei‹mal am Tag, wodurch der polare Charakter der Kräfte unterstrichen wird. Der Ausdruck ›40‹ Tage spricht übergeordnet von den Tagen in unserem ganz normalen Leben. Hier weist er auch auf eine Zeit der Bewährung und der Reifung hin, wonach dann etwas »passiert«. Und es passiert noch so einiges in dieser Geschichte …

Doch es wird nicht nur von Kampf und Gegensatz gesprochen, sondern auch von etwas Schönem. Denn als Antwort auf Goliaths Provokationen schickt Isai seinen Sohn David zu seinen Brüdern ins Lager. Mit seinen Gaben deutet Isai, der ja selbst »Geschenk Gottes« heißt, eine Entspannung des Konfliktes an. Es sind Geschenke, die – wie ich so gerne sage – innerlich reich machen. ›Zehn‹ Brote und ›zehn‹ Käse repräsentieren wahrhaftig Reichtum und Fülle! Die Zahlenqualität der ›10‹ kündigt in Bibeltexten einerseits das Eingreifen der göttlichen Macht inmitten unserer Zerrissenheit und eigenen Begrenzungen an. Anderseits drückt sie eine Vollkommenheit aus, Himmel und Erde werden ›eins‹. Es ist wie eine innere Gottesgeburt, bei der wir erkennen, dass Erde und Mensch immer schon göttlich waren und sind und dass in allem, wirklich in allem, Gottes Sein wirkt. Die Brote sprechen von unserem

Lebensweg, auf dem wir alles »Gute« und »Schlechte« erkannt, anerkannt und zusammengefügt haben. Und mit dem Käse verhält es sich ähnlich wie mit dem Opfer, das Abel Gott darbringt (= das Fett der Lämmer). Hier schenken wir uns Gott »zurück«, indem wir um die stetige Verbindung zu ihm und um die Existenz der Geistkräfte in uns wissen und so unser Leben leben. Wir können jetzt gespannt auf den weiteren Verlauf der Geschichte sein.

»Rettung naht«

>> *So brach David in der Morgenfrühe auf, überließ die Schafe einem Hüter, lud auf und ging, wie Isai ihm befohlen hatte. Er kam zur Wagenburg, als das Heer sich eben in Schlachtordnung aufstellte und man das Kriegsgeschrei erhob, und Israel und die Philister standen sich gegenüber, Schlachtreihe gegen Schlachtreihe. Da lud David sein Gepäck ab und übergab es dem Trosswächter, dann lief er zur Schlachtreihe und begrüßte seine Brüder. Während er mit ihnen redete, kam Goliath gerade aus den Reihen der Philister herauf und führte die gewohnten Reden, und David hörte ihn. Aber die Männer Israels zogen sich vor dem Manne zurück, denn sie fürchteten sich. Da fragte David die Männer, die bei ihm standen: »Was bekommt der als Lohn, der den Philister da erschlägt und die Schmach von Israel wegnimmt?« Und man sagte ihm: »Wer ihn erschlägt, den will der König reich machen. Er will ihm seine Tochter zur Frau geben, und das Haus seines Vaters will er steuerfrei machen.«* <<

Aus diesen Textzeilen strömt uns ein wechselhaftes Stimmungsbild entgegen, welches zwischen Furcht, Verzweiflung und Hoffnung schwankt. Unser tiefstes Inneres gleicht einem Kriegsschauplatz, auf dem zwei gegnerische Parteien Stellung bezogen haben. Es herrscht eine totale Trennung zwischen den spirituell-seelischen Aspekten des Überirdischen und den rationalen Ausprägungen des Irdisch-Materiellen in unserem Ich. So schaut die Situation aus, als David eintrifft. Bevor wir nun auf David – oder besser gesagt: auf unseren eigenen »David«teil – und sein Wirken schauen, möchte ich mich dem ersten Satz des Abschnitts »Rettung naht« widmen.

So brach David in der Morgenfrühe auf, überließ die Schafe einem Hüter ... Dieser Satz erklärt indirekt, warum David und kein anderer Sohn Isais (von Gott) auserwählt ist, das Volk Israels zu retten. David ist voller Verantwortung und Fürsorge für seine Schafe, indem er sie einem Hüter überlässt, bevor er zu den kämpfenden Parteien zieht. »Schafe« sind in der Bibel stets eine bildliche Beschreibung unserer Gefühle und tief sitzenden seelischen Strömungen. Und David ist ein idealer »Schafhüter«, indem er sie ergründet und sich ihrer mit Eigenverantwortung und Liebe annimmt. Die »David«stimme in uns sagt (ganz im Gegensatz zur »Goliath«stimme!): »Wenn du nicht nach innen gehst (→ »Schafe«), gehst du leer aus.« Der Hinweis auf die Tageszeit *Morgenfrühe* unterstreicht meines Erachtens die nun durch David anstehende Rettung und beginnende grenzenlose Freiheit. Früh am Morgen sehen wir – hier im übertragenen Sinne gemeint – nach einer langen dunklen Nacht das erste Licht ... Ist das nicht ein schöner Ausblick? Vielleicht bedeutet die *Morgenfrühe* aber auch, dass ich bisher im Blindflug (= Nacht) durch mein Leben gerauscht bin?

Nun sucht David also seine Brüder auf, die ja aufgrund ihrer Namen schon alle miteinander den Gegenpol zu Goliath und den Philistern darstellen. Als er eintrifft, herrscht bei den Männern Israels Furcht vor dem riesenhaften Goliath. Der in uns existierende Teil, der sich mehr und mehr den unsichtbaren Kräften des Kosmos zuwenden möchte, wird regelrecht »untergebuttert«, durch die Angst machenden Reden unseres »Goliath«teils unterdrückt. Oder anders gesagt: Unsere innere Kraft, die der feinstofflichen, sublimen Welt zugewendet ist, wird (noch) komplett blockiert oder ist zugeschüttet. Jetzt nimmt jedoch unsere »David«energie immer mehr Fahrt auf und gewinnt an Gewicht, sodass sich eine Verschiebung des Gleichgewichts ankündigt. David wird gleich zu Beginn mit Goliath konfrontiert und macht sofort im Gegenzug auf sich aufmerksam, indem er seinen Mut, seine Beherztheit bezeugt. Und im Grunde unseres Herzens wissen wir schon, dass uns Gott dort innerlichen Reichtum bescheren wird, wenn wir den Goliath in uns besiegen. Ohne den Einfluss der »David«energie schaffen wir es allerdings nicht. Wir haben eine zu große Angst vor der lauten und verhöhnenden Stimme der »Goliath«fraktion in unserer Seele. Diese Egokraft isoliert uns im Inneren. Wo finden wir so etwas im Leben? Da benennen wir vielleicht einen Herzenswunsch, den wir nun umsetzen wollen und der eng mit unserer spirituellen Reifung sowie Selbstverwirklichung verknüpft ist. Dieser schlummerte bestimmt schon lange im Verborgenen und gelangt erst jetzt in unser Bewusstsein. Natürlich wollen wir diesen Wunsch und unser neues Vorhaben mit anderen Menschen teilen. Was passiert? Unser Partner oder andere Familienmitglieder oder Freunde rufen fast schon empört und mit einem leicht überheblichen Unterton in der Stimme: »Was soll das denn bringen? Wozu soll das gut sein? Du glaubst doch wohl nicht selber daran!« Und schon hat Goliath zugeschlagen. Viel öfter laufen derartige Gespräche im eigenen Kopf ab, wodurch wir uns klein halten und das Vertrauen ins Leben auf einen Tiefststand befördern. David hilft uns, dies zu ändern.

»Das Geheimnis Davids«

>> *Als man Davids Worte hörte, berichtete man Saul davon, der ließ ihn holen. Und David trat vor Saul: »Niemand soll seinetwegen den Mut sinken lassen! Dein Knecht wird hingehen und mit dem Philister da kämpfen!« Aber Saul erwiderte: »Nein, du kannst diesem Philister nicht gegenübertreten. Du bist ein junger*

Bursche, und er ein Soldat von klein auf.« Da fuhr David fort: »Dein Knecht hütete seinem Vater die Schafe. Kam nun ein Löwe oder ein Bär und trug ein Schaf von der Herde weg, so lief ich ihm nach, erschlug ihn und riss es ihm aus seinem Rachen; griff er mich aber an, so packte ich ihn beim Bart und schlug ihn tot. Den Löwen wie den Bären hat dein Knecht erschlagen, und diesem Philister soll es ebenso ergehen, denn er hat die Schlachtreihen des lebendigen Gottes verhöhnt! Gott, der mich aus den Tatzen des Löwen und des Bären errettet hat, wird mich auch aus der Hand dieses Philisters erretten.« Da sprach Saul zu ihm: »Geh hin! Gott wird mit dir sein!« Und Saul legte David seine Rüstung an, setzte ihm einen ehernen Helm auf das Haupt, zog ihm einen Panzer an und gürtete ihm sein Schwert über der Rüstung um. Aber David bemühte sich vergeblich, damit zu gehen, denn er hatte es noch nie versucht, und sprach zu Saul: »Ich kann in dem Zeug nicht gehen, ich bin es nicht gewohnt.« Und er legte alles wieder ab. Er nahm seinen Stock in die Hand und wählte im Bachtal fünf glatte Steine, tat sie in die Hirtentasche, die er bei sich hatte und die ihm als Köcher diente, nahm die Schleuder in die Hand und ging dem Philister entgegen. <<

Im Kapitel »Das Geheimnis Davids« schlägt uns jetzt schon eine ganz andere Stimmung entgegen. Sie ist geprägt durch aufkommenden Mut, welchen ich als vertrauensvolle Beherztheit, als eine Qualität des Herzens verstehe. Diese hat nichts gemein mit einer leichtsinnigen Mutprobe. Es handelt sich vielmehr um die Furchtlosigkeit vor dem Leben. Wie oft sagen wir in Situationen, die uns Angst einflößen, dass wir diese überwinden müssen, dass wir mit der Furcht fertig werden müssen. Aber darum geht es im tieferen Sinn »unserer« David-Goliath-Geschichte nicht. Es geht viel weiter. Furchtlosigkeit meint hier, glückselig und vollkommen frei sein, und so wahre Erfüllung finden. Wie? Davon gleich mehr.

Wir spüren im weiteren Verlauf der Bibelgeschichte regelrecht die steigende Spannung und den nahenden Höhepunkt. Wir vernehmen mehr und mehr die »David«stimme in uns, unsere »David«kraft macht sich im Herzen immer stärker bemerkbar. Davids Mut beziehungsweise Furchtlosigkeit entspringt dem »Ich bin geliebt«-Charakter des universellen Kosmos. Was das ist? Nun, wenn wir die absolute Gewissheit in uns tragen, dass wir von einer unvorstellbar zärtlichen Liebe umgeben und durchzogen sind und uns bewusst mit ihr verbinden, uns »andocken«, dann empfinden und leben wir das »Ich bin geliebt«. Irmgard Heß drückt dies in ihrem Buch »Steckdosen zum Himmel« (Thomas-Morus-Bildungswerk Schwerin, Schriftenreihe Band 10) mehrfach sehr schön aus. So ist beispielsweise in ihrer Einleitung zu Psalm 91 zu lesen: »Wenn ich die Wohnung Gottes in meiner eigenen geheimen Kammer gefunden habe, dann kann mir nichts mehr von außen geschehen. Ich bin eingetaucht in die bedingungslose Liebe, und alles Böse wird an mir abprallen.« David, der die ewige Beziehung der universellen göttlichen Energie zum eigenen Leben in seinem Namen trägt (>14<; >1-4<), kennt ja seine Verbundenheit zu Gott, seine seelische Verankerung an das »Ich bin geliebt«. Er lebt es auch in seinem Alltag und beschäftigt sich nicht nur in irgendwelchen theoretischen Sphären damit. Wir sehen dies ganz deutlich daran, dass er als Einziger keine Angst vor dem lautstarken »Goliath«getöse in seinem Inneren hat. Die hier angesprochene »David«qualität kommt für mich auch treffend am Ende von Psalm 91 zum Ausdruck, den ich hier mit meinen Worten zu einem kurzen Gebet umgeschrieben habe: »Weil ich in dir lebe, JHWH (יהוה), lässt du mich gesunden, du beschützt mich, weil ich deinen Namen kenne. Ich rufe zu dir und du gibst mir Antwort. Du bist in mir in meiner Not, du führst mich in die Freiheit und gibst mir meine Würde wieder. Mit unendlicher Zeit sättigst du mich und lässt mich schauen dein Heil. Danke. Amen.« All dies wird bildreich in Davids Ausführungen gegenüber Saul beschrieben, warum er Goliath besiegen und die Männer Israels retten könne. Und es überzeugt Saul.

Die darauf folgende Passage ist überaus lehrreich. *Und Saul legte David seine Rüstung an, setzte ihm einen ehernen Helm auf das Haupt, zog ihm einen Panzer an und gürtete ihm sein Schwert über der Rüstung um. Aber David bemühte sich vergeblich, damit zu gehen, denn er hatte es noch nie versucht, und sprach zu Saul: »Ich kann in dem Zeug nicht gehen, ich bin es nicht gewohnt.«* Zwei Dinge werden hier sehr deutlich. Zum einen weiß Saul vom Göttlichen im Leben der Menschen, er bedient sich jedoch der gleichen »Werkzeuge« wie ein »golem«hafter Philister, welcher sich mittels der Waffe »Egokräfte« (= Schwert) die Welt untertan machen möchte. Er rüstet David wie Goliath aus, macht eine kleine Kopie von ihm. Zum anderen sehen wir, dass David damit jedoch nicht klarkommt, er lehnt Rüstung, Helm und Schwert ab, er ist es nicht gewohnt. Der »David in uns« entscheidet sich nicht für die rein vernunftbasierten und -gesteuerten Machenschaften auf Basis von Überheblichkeit und Selbstüberschätzung, die uns vom Göttlichen trennen. Er will keinen Panzer um sich, der Gott »abwehrt« und ihn selbst lähmt. Der »David in uns« sucht und findet auf einer inneren Ebene, tief in der Seele, die Verbindung zu Gott, welche letztendlich frei macht.

Also besinnt auch David sich in der Geschichte schnell wieder auf seine Rückverbindung zur Einheit (>1<), die einem bewussten und innerlich reifenden Menschen immer wieder im Alltag sichtbar gemacht wird (>4<). Er wählte nämlich >5< Steine für seine Schleuder aus, wodurch die Qualität der >5< als Zeichen für den bewusst gewordenen Menschen in den Vordergrund tritt. Immer wenn dies geschieht, ist der Entwicklungsweg nicht mehr mit Zufällen gepflastert, sondern mit einem reichen Spektrum an Fügungen. Ein derartiger Mensch ist die ›Fünf‹ und David ist das Paradebeispiel. Ein jeder von uns trägt die ›5‹ und damit einen »David«teil in sich …

Bevor wir zum Schlussteil übergehen, möchte ich noch auf die letzten Worte des soeben behandelten Abschnitts eingehen. (…) *und ging dem Philister entgegen.* Wenn der »David in uns« präsent wird, wenn wir ihn bemerken, dann müssen wir mit der Furchtlosigkeit des »Ich bin geliebt« auf unseren Goliath zugehen. Es lohnt sich!

»Endlich frei!«

>> *Indessen näherte sich der Philister David immer mehr, während sein Schildträger vor ihm her schritt. Als der Philister aber genauer hinsah, kam ihm David verächtlich vor: ein junger Bursche, bräunlich und dazu noch schön. Und er schrie ihn an: »Bin ich denn ein Hund, dass du mit einem Stecken zu mir kommst?« Er verfluchte David bei seinen Göttern und schrie: »Komm her zu mir! Ich will dein Fleisch den Vögeln des Himmels und den wilden Tieren auf dem Feld zu fressen geben!« David gab zur Antwort: »Du kommst zu mir mit Schwert, Speer und Krummschwert. Ich aber komme zu dir im Namen des Herrn der Heerscharen, des Gottes der Schlachtreihen Israels, den du verhöhnt hast. Am heutigen Tag wird dich Gott mir in die Hände liefern. Ich werde dich erschlagen und dir den Kopf abhauen, und alle Welt soll erkennen, dass Israel einen Gott hat! Und diese ganzen Heere sollen erfahren, dass Gott nicht mit Schwert oder Spieß Sieg gibt.«*

Als nun der Philister kam und auf David losschritt, lief David aus der Schlachtreihe heraus ihm entgegen. Er griff mit der Hand in die Tasche, nahm einen Stein, schleuderte ihn und traf den Philister an die Stirn, sodass der Stein in die Stirn fuhr und er auf sein Gesicht zur Erde stürzte. So überwand David den Philister mit Schleuder und Stein, er traf ihn und tötete ihn, ohne dass er ein Schwert zur Hand hatte. Dann lief er zu dem Philister hin, fasste dessen Schwert, zog es aus der Scheide und tötete ihn vollends, indem er ihm den Kopf abhieb. Als die Philister sahen, dass ihr Stärkster tot war, ergriffen sie die Flucht. Und die Männer Israels und Judas stürmten los, erhoben das Kampfgeschrei und verfolgten die Philister bis nach Gat und bis an die Tore von Ekron, und erschlagene Philister lagen an dem Wege von Schaarajim bis nach Gat und Ekron. David aber nahm den Kopf des Philisters und brachte ihn nach Jerusalem, seine Waffen hingegen legte er in sein Zelt. <<

Kriegerisch. Verachtend. Brutal. So kommt mir dieser letzte Abschnitt als Außengeschichte vor. Dennoch habe ich ihn mit »Endlich frei« überschrieben. In der Lesart einer Innengeschichte, die ja ganz stark mit mir selbst zu tun hat, erfahre ich hier, wie der Kampf um meine Freiheit gewonnen wird. Es ist die Freiheit, welche durch die in meinem Herzen erstarkte Kraft des »Ich bin geliebt« aufleben kann (= »David«kraft). Sie ist grenzenlos und verändert meine Persönlichkeit auf ewig, wenn ich es zulasse. Und sie ist mächtig. Denn obwohl Goliath seinen Schildträger zum Schutz vor allem Überirdischen vor sich her marschieren lässt, hat er gegen David keine Chance. Er wird besiegt.

Schauen wir uns die Akteure David und Goliath als Seelenteile an, die in uns vorhanden sind. David ist als Mensch der Bibel über seine Seele eng mit Gott verbunden, er ist »der von Gott Geliebte«. Als Wesenheit in jedem Menschen versinnbildlicht David den Ankerplatz der »Ich bin geliebt«-Energie. Goliath ist in der Bibel der übermächtige, laute, vor Überheblichkeit strotzende, furchterregende Krieger mit den scheinbar besseren Waffen. Das »Goliath«wesen in uns ist der seelenlose Anteil im Inneren, das nach dem Prinzip waltet: »Ich glaube, was ich sehe«, und sich somit den unsichtbaren Kräften des Universums und der kosmischen Liebe entzieht. In jedem Menschen sitzt ein eigener Goliathteil, der uns mit bestimmten Waffen besiegen will. Es sind dies unsere Egokräfte (*Schwert, Speer und Krummschwert*), die beherrschen wollen. Dabei kann es sich um (Vor-)Urteile, Schuldgefühle, Groll oder Ängste handeln, die wir aus der Vergangenheit mit durch unser Leben schleppen. Unser Geist plappert sie uns ständig ins Gemüt, und manchmal schreit er sie uns direkt ins Gesicht, wie es die »Goliath«stimme macht. Wir lassen uns durch diese »Goliath«energie zu reinen vernunftbasierten Menschen formen, deren Lebens- und Gefühlsprinzipien ausschließlich auf der Ratio gründen. Den Kontakt zum eigenen Seelengrund und damit zum Göttlichen in jedem Menschen gibt es nicht. Dadurch schränken wir unser »Lebenspotenzial« ein.

Ganz anders ergeht es uns, wenn wir in uns die »David«energie suchen und zulassen. Dann bin ich über meine Seele fest mit Gott verbunden. In Verbindung mit der göttlichen Liebe, die in meinem geöffneten Herzen wohnt, erlange ich dann den Sieg im Kampf um die grundlegende und grenzenlose Freiheit. David weiß dies auch, er sagt in der Bibelgeschichte: »*... Ich aber komme zu dir im Namen des Herrn der Heerscharen, des Gottes der Schlachtreihen Israels, den du verhöhnt hast. Am heutigen Tag wird dich Gott mir in die Hände liefern ...*« Er repräsentiert und lebt die kosmische »Ich bin geliebt«-Kraft. Im Gegensatz zu Goliath lautet Davids Credo nicht: »Ich glaube, was ich sehe«, sondern: »Das, was ich glaube, werde ich sehen.« Abstrahierend können wir David mit der Seele und Goliath mit der Ratio in Verbindung bringen. Wenn wir es schaffen, eine davidsche Furchtlosigkeit (vor dem Leben) zu entwickeln, werden wir uns von der Vorherrschaft unseres plappernden Geistes befreien können. In der Geschichte kommt dies sehr bildreich dadurch zum Ausdruck, dass David Goliath niederstreckt und ihm den Kopf abschlägt. Goliaths Kopf wird in unterschiedlicher Weise gleich mehrfach erwähnt. David droht, er werde ihn erschlagen und *den Kopf abhauen, er traf den Philister an die Stirn, sodass der Stein in die Stirn fuhr und er auf sein Gesicht zur Erde stürzte.* Und etwas weiter im Text: *… und tötete ihn vollends, indem er ihm den Kopf abhieb.* >Fünf<mal wird in kurzer Folge Goliaths Kopf oder ein Teil davon genannt, das Zentrum seiner vernunftbasierten Kontroll- und Machtmechanismen! Es ist – nebenbei bemerkt – fast überflüssig zu sagen, dass die >5<-fache Nennung etwas mit der »David«kraft zu tun hat.

Meine Beschreibung des »David-Goliath-Kampfes« möchte ich mit einer Geschichte von Deepak Chopra abschließen. Denn manchmal sind Beispiele, Märchen oder andere Erzählungen einprägsamer als jede theoretische Abhandlung und Anweisung und dadurch hilfreicher. Mir wurde vor einiger Zeit eine Parabel erzählt, die auf das Wechselspiel »Seele – Ratio« treffend und essenziell eingeht und: mein Leben veränderte (aus »Feuer im Herzen« von Deepak Chopra, Ammann Verlag):

»Es war einmal ein Mann, der zwei Dinge mehr als alles andere auf der Welt liebte. Das eine war sein Sohn und das andere ein Pony. Eines Tages wachte der Mann jedoch auf und entdeckte, dass das Pony ausgerissen war. Ein Suchtrupp machte sich auf den Weg, aber das Pony wurde nicht gefunden.

‚Das muss schrecklich für dich sein', sagte ein Nachbar, als er erfuhr, was geschehen war. Aber der Mann wirkte ganz ruhig. ‚Es ist noch nicht vorbei', murmelte er. Am nächsten Tag wachte der Mann auf, und es war nicht nur sein Pony zurückgekehrt, sondern es hatte sogar einen wunderbaren weißen Hengst mitgebracht. Als er diese Neuigkeit hörte, sagte der Nachbar: ‚Du musst ja überglücklich sein. Du hast dein Pony und ein neues Pferd, das doppelt so schön ist.' Aber der Mann wirkte ganz ruhig und sagte: ‚Es ist noch nicht vorbei.'

Als sein Sohn am nächsten Tag den weißen Hengst ritt, fiel er herunter und brach sich ein Bein. Als der Junge stöhnend vor Schmerz ins Haus getragen wurde, sagte der Nachbar: ‚Was für ein schrecklicher Unfall! Wie sehr musst du leiden, wenn du deinen Sohn so verletzt siehst.' Aber der Mann wirkte ganz ruhig und sagte: ‚Es ist noch nicht vorbei.'

Am nächsten Tag kam die Armee. Sie nahmen alle waffentauglichen jungen Männer mit, um sie in den Krieg zu schicken, aber als sie den Sohn des Mannes mit seinem gebrochenen Bein sahen, gingen die Soldaten weiter und ließen ihn zurück. Der Nachbar stürzte herüber und sagte: ‚Was für ein Glück du hast! Alle jungen Männer mussten in den Krieg ziehen, nur nicht dein Sohn!' Aber der Mann zuckte nur mit den Schultern: ‚Es ist nie vorbei.'

Bei dieser Parabel steht der Nachbar für den Geist, die Ratio und der Vater für die Seele. Der Geist lässt sich angesichts der Höhen und Tiefen des Lebens immer aus der Ruhe bringen. Aber dieses Auf und Ab hört nie auf, denn es liegt in der Natur des Lebens. Das Heute kann nicht versprechen, was das Morgen bringen wird. Und wenn sich auch alles andere verändert, eines ändert sich nicht: deine Seele. Sie ist nicht da, um sich zu verändern. Sie ist da, um zu beweisen, dass es einen Teil in dir gibt, der beständig ist. Erinnere dich stets daran, Dietmar, dass deine Seele sich nie verändern oder bewegen wird, egal, welche Sorgen dein Geist sich auch machen mag.«

Ich war damals sehr betroffen. Diese Geschichte ist mir ein treuer Begleiter auf meinem spirituellen Weg geworden und schenkt meinem Herzen auch heute immer noch tiefen Frieden und … grenzenlose Freiheit. Warum? Den Goliath in mir muss ich immer wieder besiegen. Ich weiß jedoch, dass ich es schaffe, denn auch ich bin ein David.

David wird zum König gesalbt
oder
Was ein Ginkgoblatt mit der Bibel zu tun hat

Während ich mich mit der Figur »David« im Alten Testament beschäftigte, ist mir bei der Durchsicht der beiden Bücher Samuel die hier im Mittelpunkt stehende Erzählung als Kleinod aufgefallen. Eigentlich waren es zunächst ein paar Zahlen, die am Ende der kurzen Geschichte meine Aufmerksamkeit erlangten. Ich las mir darauf den Bibeltext ein zweites Mal genau durch und war fasziniert! Der Text enthält zwar keine große »Action«, er erzählt vielmehr in einem nüchternen sowie knappen Stil von der Ernennung zweier Könige und erwähnt präzise die jeweilige Dauer ihrer Regentschaften. Aber meine Neugier nach der Erforschung des tieferen Bezugs auf mein eigenes Dasein war sofort geweckt. Warum? Ich spürte eine tief gehende Bedeutung für mich und mein Leben. Diese Erzählung über David, die neben ihm noch einen weiteren Hauptdarsteller hat, führt uns nämlich den – wie ich es nenne – Urtyp unserer »inneren Beschaffenheit« vor Augen. Sie erzählt, wie wir erschaffen sind, und bringt dies so zum Ausdruck:

>> *Saul war tot. David fragte Gott durch das Orakel:* »*Soll ich mich droben in einer der Städte Judas niederlassen?*« *Das Orakel antwortete:* »*Ja, zieh hinauf!*« »*Wohin?*«*, fragte David, und das Orakel antwortete:* »*Nach Hebron.*« *So zog David dort hinauf mit seinen beiden Frauen, mit den Männern seiner Begleitung und deren Angehörigen, und sie wohnten miteinander in den Orten um Hebron. Und die Männer von Juda (dem südlichen Teil des*

Landes) kamen zu ihm und salbten David zum König über Juda. Dagegen nahm Abner, Sauls Heerführer, den Isch-Baal, den Sohn Sauls, brachte ihn nach Machanajim und machte ihn zum König über Israel (das Land in der Mitte, im Osten und im Norden von Kanaan). Isch-Baal, Sauls Sohn, war vierzig Jahre alt, als er König über Israel wurde, und blieb zwei Jahre lang König, David hingegen war sieben Jahre und sechs Monate in Hebron König über Juda. <<

Zunächst dachte ich, dass es in dieser Geschichte einen guten und einen bösen König geben müsse, und meine erste Wahl fiel natürlich auf David als den »besseren« von beiden. Aber nachdem ich genauer hingeschaut und die Worte auf unsere Seelenebene transferiert hatte, kam ich zu ganz anderen Erkenntnissen. Der recht kurze alttestamentarische Text ist reichlich mit der Aufzählung von Gegensätzen versehen, die auf einer »ur«menschlichen Ebene wieder zusammenkommen und uns selbst in unserem Menschsein vereinen. Schauen wir doch genauer in diesen knappen, aber symbolträchtigen Text und wir werden sehen: Es geht gar nicht um »besser« oder »schlechter«! Es geht um »So bin ich!«

Gegensätze erinnern uns immer wieder an das eigene Leben. Es ist im übertragenen Sinne stets zwischen zwei Polen aufgespannt. Mithilfe der hebräischen Namens- und Zahlensymbolik werden wir uns die hier aufgeführten Pole erarbeiten. David und Saul, die gleich zu Beginn genannt werden, sind uns schon aus der Geschichte über den Kampf gegen Goliath bekannt. Dennoch möchte ich an dieser Stelle die in den Namen wohnenden Botschaften kurz ins Gedächtnis rufen. Saul, der »Erbittende«, ist tot, was bedeutet, dass er in diesem Kontext auf unserer Seelenebene nicht aktuell ist. Vielmehr hat schon die »David«energie Einzug in unser Innerstes gehalten.

David, der »von Gott Geliebte«, steht für einen Aspekt in uns, der unsere intensive Pflege des Kontaktes zu Gott repräsentiert. Und dann heißt es: David fragte *Gott durch das Orakel: »Soll ich mich droben in einer der Städte Judas niederlassen?« ... »Ja, zieh hinauf!«* Hier werden bereits erste Pole angesprochen. Die Richtung nach oben, die David einschlagen soll, sowie die Städte Judas bilden den einen Pol, der sich durch die gesamte Geschichte zieht. Den direkten Gegenpol dazu finden wir in den Worten (…) *über Israel (das Land in der Mitte, im Osten und im Norden von Kanaan)*, wobei ich den Fokus auf Kanaan lenken möchte. Kanaan heißt übersetzt »flaches Land« und steht damit im Gegensatz zu den Orten von Juda, die »oben« liegen. Kanaan symbolisiert unser irdisches Dasein, das Land Juda dagegen die unsichtbare Welt des Himmels. Mit diesen ersten Bildern haben wir bereits einen Rahmen für das Gesamtwerk von »Samuel 2, 1–11« geschaffen.

Bevor wir die uns in dieser Geschichte dargebotene Namens- und Zahlensymbolik auf unser inneres Wesen übertragen, möchte ich kurz auf einen Ausdruck zu Beginn des Textes eingehen, der mich ein wenig stutzen ließ. Ich fand es interessant, dass David durch ein Orakel zu Gott spricht. Solch ein Wort verwenden wir heutzutage kaum mehr, mir ist es lediglich aus der altgriechischen Geschichte bekannt. Da alle Bibeltexte jedoch allgemeingültig sind und damit auch eine ganz typische Bedeutung im Geflecht einer Innengeschichte besitzen, suchte ich eine geeignete Übersetzung für mich. David als Mensch in der Bibel ist stets eng über seine Seele mit Gott verbunden. Wenn er nun mit Gott über das Orakel kommuniziert, so ist dieses gleichbedeutend mit seiner Seele. Das Orakel in dieser Erzählung ist somit für mich der direkte Verbindungskanal zur kosmischen und göttlichen Energie. Diese Deutung verleiht der geistigen Nahrung dieser Geschichte eine Extraportion

Würze, denn ein jeder von uns ist auf der spirituellen Ebene über die Seele mit Gott verbunden!

Davids Seele lasst ihn wissen, dass er hinauf nach Juda zum Ort Hebron ziehen soll. Wenn wir dieses Bild in unsere Seelenlandschaft übertragen, dann kann es folgendermaßen aussehen: Unsere eigene auf dem Herzensgrund wurzelnde »David«kraft ist dauerhaft mit den geistigen, unsichtbaren Energien des Universums verbunden. Um diese Wirklichkeit im eigenen Dasein auch zu erkennen und sogar in unser Leben zu integrieren, müssen wir laut Bibeltext den Weg in eine bestimmte Richtung gehen. Diese wird – wie kann es auch anders sein – trefflich mit den Städten Judas und speziell mit Hebron beschrieben. »Hebron« heißt »Bündnis«, »Verbindung« oder auch »Ort des Bundes«. Wenn wir uns in Momenten der Stille an diesen Ort begeben und uns in das weiße Licht einhüllen (lassen), wie ich es gerne bezeichne, dann regiert der König David in unserem Herzen. Oder anders herum: Wenn wir die »David«qualität des »Ich bin geliebt« in uns wahrnehmen, sind wir – geistig gesehen – in Hebron und erfahren bewusst das Bündnis mit Gott.

Eigentlich sollte doch ein König – und vor allem so ein »guter« – im Reiche unseres Innenlebens reichen, warum taucht noch ein weiterer auf? Dieser zweite Herrscher unseres Wesens ist Isch-Baal, dessen Namensbedeutung uns die Augen aufgehen lässt! Er wird von Abner nach »Machanajim«, was übersetzt »Doppellager« oder »zwei Lager« bedeutet, gebracht und dort von ihm selbst zum König über Israel gekürt. In diesem Ortsnamen schwingt im Vergleich zu Hebron auch gleich eine andere Qualität mit; Machanajim beschreibt klar das »Heerlager« unseres polarisierten, gespaltenen Lebens. Und dort in unserer Welt der ›Zwei‹ werden wir oft und ungezählte Male von »Isch-Baal« regiert, dem »Mann des Baal«, dem »Mächtigen«, dem »Besitzer«. Die letztgenannte Übersetzung gefällt mir in diesem Kontext am besten, denn der Isch-Baal als eine Verdichtung der Egokräfte in unserer menschlichen Natur kann uns vollständig besitzen und Macht über uns haben.

Jetzt haben wir die eher etwas verwirrende Situation in unserem Inneren, dass wir einen König über Juda und einen Regenten über Israel haben; eine Qualität, die uns mit der unsichtbaren, himmlischen Welt des Himmels verbindet (Juda), und eine andere Qualität, die uns an das »getrennte Reich«, die ›Zwei‹, fesselt (Israel wird hier meines Erachtens mit dieser Bedeutung verwendet). Anfangs dachte ich, ich müsse mich für einen »meiner Könige« entscheiden oder für das Hochland Juda oder das Flachland Kanaan, aber dann ging mir ein Licht auf. Beide Könige – David und Isch-Baal – machen mein Wesen aus. Sie sind tief in mir verwurzelte Eigenschaften und stellen die Kraftquellen für mein Menschenleben dar; sie sind in mir vereint und werden in dieser symbolträchtigen Bibelgeschichte angesprochen. Somit ist dieser Text ein archetypischer Ausdruck meiner selbst und demonstriert deutlich, wie »ich erschaffen bin«. Beiden Aspekten sollen wir unsere Aufmerksamkeit widmen, ein jeder von uns steht vor der spirituellen Aufgabe, David und Isch-Baal als zwei Seiten ein und derselben Medaille zu erkennen und … im alltäglichen Sein und Handeln zu integrieren. Wieso? Nun, beide »königlichen Lebensqualitäten« kommen von Gott, sind mit ihm verbunden, und deshalb können wir gar nicht anders. Dass David mit der göttlichen Präsenz und Energie verbunden ist, wissen wir bereits, »nomen est omen«. Aber die »Isch-Baal«-Energie? Für mich steht auch dieser Aspekt in Verbindung zu Gott, wenn auch auf einer anderen Ebene. Ein wesentliches Merkmal dieser Qualität ist meines Erachtens, dass uns Menschen die ›Zwei‹heit von Gott geschenkt wurde, um uns zu erfahren und zu entwickeln. Eine derartige Verknüpfung kommt in diesem kurzen Text auch sprachlich versteckt zum Ausdruck. Während *die Männer von Juda David zum König salbten*, machte (nicht salbte) dies bei Isch-Baal der Heerführer Abner. Ich konnte zunächst mit der Übersetzung des Namens Abner und dessen Einbindung in das Geschehen nichts anfangen und habe lange darüber nachgedacht. Der Name »Abner« bedeutet »Vater des Lichts« oder »Vater ist Licht«, was für mich im wahrsten Sinne des Wortes eine »himmlische« Verbindung darstellt. Sogleich beantwortet dies jedoch auch meine Frage. Denn wenn das Ego in der Gestalt des Isch-Baal vom »Vater des Lichts« als Mitregent unserer Persönlichkeit eingesetzt wird, dann ist die Verbindung zu Gott ja bereits hergestellt.

Wir haben es demnach mit zwei Seiten in uns selbst zu tun, die aus der göttlichen Liebe kommen und vereint in diese münden. Ein »Two in One«-Konzept würde man vielleicht dazu in unserer heutigen Sprache voller Anglizismen sagen. Für mich ist diese Erkenntnis die Kernbotschaft der Geschichte. Diese beiden Könige, diese beiden vorhandenen Aspekte als Grundlage meines Seins … Das bin ich, in Vollkommenheit und eingebettet in der göttlichen Einheit. Und: Damit darf ich glücklich sein.

Während ich an dieser Davidgeschichte arbeitete, lernte ich das Gedicht »Ginkgo Biloba« von Johann Wolfgang von Goethe kennen, welches er im Jahr 1815 schrieb. Ich war sogleich verliebt in diese Worte, trafen sie doch direkt meine Herzensmitte, denn sie passen hervorragend zu der hier behandelten Innengeschichte.

Dieses Baumes Blatt, der von Osten
Meinem Garten anvertraut,
Gibt geheimen Sinn zu kosten,
Wie's den Wissenden erbaut.

*Ist es Ein lebendig Wesen,
Das sich in sich selbst getrennt?
Sind es zwei, die sich erlesen,
Dass man sie als Eines kennt?*

*Solche Frage zu erwidern,
Fand ich wohl den rechten Sinn,
Fühlst du nicht an meinen Liedern,
Dass ich Eins und doppelt bin?*

Ist dieses Gedicht nicht wunderbar? Ich schaute mir sofort das Blatt eines Ginkgobaumes an und war begeistert. Voller Freude und Ehrfurcht lernte ich das Gedicht auswendig.

Zum Schluss möchte ich die Aufmerksamkeit auf die gemachten Zeit- und Altersangaben lenken, schließlich ist mir dadurch die Erzählung im 2. Buch Samuel aufgefallen. Als reine Informationen für die äußeren Begebenheiten der biblischen Geschichte sind die Angaben für mich eher überflüssig. Als Zahlenqualitäten verstanden, stellen sie eine wahre Bereicherung dar! Sie unterstreichen den irdischen Charakter unseres in der Polarität aufgespannten hiesigen Lebens sowie die gleichzeitige Vollkommenheit, die durch bewusste Verbindung unseres Ich mit dem kosmischen Urgrund erreicht werden kann. Isch-Baal regierte >2< Jahre und war >40< Jahre alt, als er König wurde. Die Qualität der >Zwei< als Zeichen unserer Spaltungen und Spannungen, in denen sich unser Ego so wohlfühlt, in der Qualität der >Vierzig< steckt das Symbol für unsere diesseitige, irdische Welt.

Und David war >7< Jahre und >6< Monate König in Hebron. Die Qualität der >Sechs< gibt uns stets an, dass wir die beiden Seiten, die immer wieder in unserem ganz normalen Alltag auftauchen, bewusst zusammenfügen sollen. Dies kann allerdings nur gelingen, wenn wir wie David von der Einheit wissen und was Gott von uns will. Dann können wir die >Sieben< erfahren, die Vollkommenheit in allem, was ist.

Eigentlich geht es in der Bibel fast immer um dasselbe: das Erkennen, Annehmen und Zusammenbringen der beiden Seiten in uns. Ich möchte es hier einmal anders auf den Punkt bringen: Der Mensch ist wie ein Ginkgoblatt. Obwohl wir immer zwei Seiten haben und leben, sind wir eins.

Ich werde Mensch in meinem Leben
oder
Wie erlebe ich meine Weihnachtsgeschichte?

Im Lukasevangelium finden wir mit der frohen Botschaft über die Geburt des Heilands zu Bethlehem die wohl bekannteste Geschichte des Neuen Testaments. Ich lade hier zu einer etwas anderen Erzählweise ein, die auf den ersten Blick vielleicht etwas »zerstückelt« erscheint und dennoch ein »großes Ganzes« darstellt.

Wieso heißt es im Untertitel eigentlich »meine Weihnachtsgeschichte«? Nun, ich könnte auch »meine Hirtengeschichte« dazu sagen, »mein« bleibt sie trotzdem. Denn die Geschichte mit dem Jesuskind in der Krippe findet tief in uns Menschen selbst statt, sie handelt von der Menschwerdung und vom Menschsein, und unsere Seele ist der Schauplatz für das Erleben und die Erlösung einer tiefen Sehnsucht ... Doch eines nach dem anderen. Aus meiner Sicht und mit meinen Worten will ich sie nun vor dem Hintergrund der biblischen Weihnachtsgeschichte erzählen:

Es ist Nacht und tiefe Finsternis ist überall. Wo? Nun, in mir selbst, denn meine Seele ist nachtgleich mit Dunkelheit gefüllt. In ihr herrscht noch Fremdherrschaft, was durch *Kaiser Augustus* und *Quirinius, den Statthalter von Syrien* in der Geschichte zur Sprache kommt. Die Fremdherrschaft drückt sich durch die Existenz meiner Egokräfte aus, die eindeutig in meinem Ich und damit in meinem Leben überwiegen. Noch werde ich in meinem Empfinden und Tun von Süchten und Abhängigkeiten in meinem äußeren Leben getrieben und gesteuert, noch sucht meine Seele im Dunkeln und ich das Glück in Äußerlichkeiten und durch andere Menschen. Mein wahres Ich hat den göttlichen Kern, das Licht in mir, weder gefunden noch erkannt, und schon gar nicht habe ich die Verbindung zu meinem wahren Selbst hergestellt und lebe danach. In der biblischen Geschichte wird dies so beschrieben: >> *Es begab sich aber in jenen Tagen, dass ein Gebot von dem Kaiser Augustus ausging, dass alle Bewohner des Reiches gezählt werden und eine Steuer zahlen sollten. Zum ersten Male geschah das; es war in der Zeit, als Quirinius Statthalter in Syrien war. Und jedermann war gezwungen, an den Ort zu gehen, an dem er geboren war, um sich zählen und einschätzen zu lassen.* << Gleich mehrmals werden hier die Worte *zählen* und *einschätzen* gebraucht. Hinter diesen bewusst gewählten Worten verbirgt sich eine Bedeutung, die mit einem inneren Prozess in mir zu tun hat, der für meine Seele erstmals beginnt. Mein Ich wird einen Wandlungsprozess vollziehen und von der dunklen Nacht in den hellen Tag geführt werden. Ich soll von der sogenannten linken Seite meines Daseins, wo die Kräfte meines Egos dominieren, auf die rechte Seite geleitet und gebracht werden, wo ich als wahrer Mensch, nämlich mit Gott und mir selbst verbunden, leben kann.

Wie schon gesagt, ein innerer Prozess steht bevor, und jeder Prozess geschieht entlang eines Weges, er hat einen Anfang und ein Ende. Wandlung oder Transformation deutet sich an, doch schauen wir zunächst, wie die Geschichte weitergeht: >> *Da wanderte auch Josef von Galiläa, aus der Stadt Nazaret, nach Judäa in die Stadt der Familie Davids, nach Bethlehem, denn er war vom Hause und vom Stamme Davids, um sich eintragen zu lassen zusammen mit Maria, seiner Verlobten. Die war schwanger. Während sie aber dort waren, kam die Zeit der Geburt, und sie gebar einen Sohn, wickelte ihn in Windeln und legte ihn in eine Krippe, denn sie hatten sonst keinen Raum in der Herberge.* <<

Vertraute Namen und Menschen, Orte und Geschehnisse tauchen hier gehäuft auf, Jesus wird geboren und übertragen auf meinen eigenen inneren Wandlungsprozess kann ich von einer inneren Gottesgeburt hier in meinem ganz normalen Leben sprechen. Dieser kleine Abschnitt der Weihnachtsgeschichte enthält in immens komprimierter Weise das Geheimnis der Menschwerdung in mir und diese wenigen Worte beinhalten vielleicht mein ganzes Leben. Doch was passiert genau in mir, in meiner Seele? Josef und Maria als Sinnbilder der beiden Seiten in mir, der sogenannten rechten und der linken Seite, stehen für meine Verbindungen zur geistigen und irdischen Welt, die in mir existieren. Und meine rechte Seite »macht sich auf«, d. h., sie initiiert den Prozess und macht sich mit Maria, der linken Seite, auf den Weg. Gerade diese »Maria«seite mit meinen irdischen Anteilen bildet den Nährboden in mir, auf dem die Gottesgeburt stattfinden kann. Maria ist wie eine Lampe in meinem Herzen, in der das Christuslicht brennen will. Noch ist meine innere Gottesgeburt jedoch nicht vollzogen, noch ist Maria mit Jesus schwanger, und noch sind Josef und Maria auf dem Weg nach Bethlehem, der Stadt Davids. Die eigentliche Geburt, meine mit Gott verbundene Menschwerdung, geschieht dann in einem einfachen Stall, und das Kind liegt in einer Krippe, die als Symbol für meinen ganz normalen Alltag einen so zentralen und bedeutenden Platz in der Weihnachtsgeschichte hat. Der Stall gleicht meinem Leben, in welches das Licht Gottes Einzug hält. Und dieses Leben, mein Leben, enthält alles: alles Schöne und alles Schlechte. Gerade das Negative in meinem Alltag, hier ausgedrückt durch das Bild der Windeln, die auch öfter in der Geschichte erwähnt werden, ist eine so wichtige Grundvoraussetzung für meinen inneren Wandlungsprozess.

Mein Transformationsweg hin zum wahren, mit Gott und der geistigen Welt verbundenen Menschen, der hier und jetzt in meinem Leben vertrauen und wissen darf, steckt schon in der Ortsangabe *Bethlehem* und der Erwähnung der *Familie Davids*, die gleich zweimal hintereinander genannt wird. Das hebräische Wort *Bethlehem* heißt »Haus des Brotes«, welches symbolhaft für meinen gesamten Reifungsweg steht, vom Same bis zum fertigen Brot, das gegessen werden kann. Dieser Weg drückt aus, dass alles in meinem Leben seine Zeit braucht, gelebt und verarbeitet werden muss, bevor es im »Feuer des Backofens« umgewandelt wird und ich gereift daraus hervorgehe. Ich erkenne nun den Sinn meines Lebens und die Sinnhaftigkeit all meines Tuns, aber das ist nicht genug! Indem ich das Brot auch esse, d. h. »Eins mache«, erfahre ich, dass alles in meinem Leben, alle Erfahrungen, Gefühle, Emotionen und Geschehnisse, zu mir gehören und recht sind. Stets ist Gott mit mir verbunden, und ich muss mich »nur« mit ihm verbinden, was jedoch die wirklich schwierige »Lebensübung« zu sein scheint. So bekomme und erfahre ich das Geschenk des Vertrauens und die Erwähnung des Namens *David* unterstreicht dies in deutlicher Weise: Wir wissen bereits, David heißt »Der Geliebte« und wird im Hebräischen ד ו ד (Daleth-Waw-Daleth) geschrieben. Mit der Zahlenschreibweise ergibt sich 4-6-4 und somit 14. Im Zahlenwert 14 ist aber das für den Menschen stehende zahlensymbolische 1-4-Prinzip versteckt, bei dem ich alles Irdische in meinem Leben (ausgedrückt durch die Qualität der ›4‹) mit der allumfassenden göttlichen Einheit, der ›1‹, verbinde. So erahne ich schon in meinem ganz normalen Leben, noch vor der inneren Gottesgeburt in mir, die Verknüpfung meiner diesseitigen mit der jenseitigen Welt. Die Verbindung von Himmel und Erde bahnt sich in meinem Alltag an, ich erlebe sie immer wieder am Ende meines »Brotweges«. Auf diesem Reifungsweg soll ich stets eines bedenken: *Der von Gott Geliebte* bin ich schon!

Der Ausdruck *Haus Davids* steht auch für die Einheit von

Leib und Seele und unterstreicht diesen Prozess. Für mich beschreibt die Geschichte von Josef, Maria und dem Jesuskind hier auch aus einem anderen Blickwinkel den so grundlegenden Dreierzyklus, der unser Menschsein bestimmt. Josef (1), Maria (2) und das Kind (3) drücken in mir den Dreischritt aus, der da heißt: ich nehme wahr (1), ich entscheide (2) und ich sehe und lebe die Konsequenz (3) (oder mir offenbart sich der Sinn) in meinem Leben. Ich kann auch sagen, dass das alles durchwirkende Gesetz von Ursache und Wirkung, von Saat und Ernte zur Anwendung kommt.

Eigentlich könnte die Weihnachts- und damit meine »Innen«geschichte hier enden, aber wir wissen alle, dass sie weitergeht. Das ist auch wichtig, weil sie sich nun auf einer anderen Ebene als »meine Hirtengeschichte« fortsetzt. Meine Seele erlebt sie quasi auf einem anderen Schauplatz. Doch hören oder lesen wir zunächst, wie uns die biblische Erzählung das näherbringt:
>> *Nun waren Hirten in derselben Gegend auf dem Felde bei den Herden, die hüteten des Nachts ihre Herde.* << Es tauchen nun *Hirten mit Herden* auf, stellen wir uns einfach Schafherden vor. Was bedeuten sie nun alle in Bezug auf mich, auf mein Innenleben? Der *Hirte* steht als Bild für den »Menschen im Aufbruch«. Meine Seele ist bereits geläutert, und ich fange auch schon an, das Glück und die Vollkommenheit in mir selbst zu suchen. Doch es ist noch Nacht und ich *hüte die Schafe*. Herdentiere symbolisieren immer meine Gefühle und Emotionen, und da ich sie des Nachts hüte, bin ich noch nicht frei, meinen Weg alleine zu gehen. Sie lassen es noch nicht zu. Mein Transformationsprozess bleibt jedoch hier nicht stehen, sondern verläuft aufgrund meiner »Hirtenanteile« weiter, was heißen soll, dass meine Seele die geistige Welt bereits erkennt. Die Evangeliumgeschichte beschreibt sehr schön, wie es den Hirten dabei ergeht:
>> *Ihnen erschien ein Engel Gottes, Licht aus Gottes Licht strahlte*

um sie, und sie fürchteten sich sehr. Und der Engel sprach zu ihnen: »Fürchtet euch nicht! Hört! Ich verkündige große Freude, euch und dem ganzen Volk: Euch ist heute der Retter geboren, der Christus, der Herr, in der Stadt Davids. Und das ist das Zeichen: Ihr findet ein Kind, in Windeln gewickelt und in der Krippe liegend.«* << Meine Seele kommt jetzt in Kontakt mit Gott, der göttlichen Kraft und Liebe in mir, jedoch nicht »direkt«, sondern mithilfe eines Engels. Der Engel als Bote Gottes erschafft in mir eine Verbindung zwischen Himmel und Erde und in mir erscheint das Licht. Ich kann es noch gar nicht glauben, ja, ich habe sogar Angst bei all den Geschehnissen, die in mir vorgehen. Vielleicht ist noch etwas »Überzeugungsarbeit« durch den *Engel Gottes* notwendig. Doch mehr und mehr lerne ich auf meinem Reifungsweg, dass ich mich nicht fürchten muss, ein »wahrer, rechter Mensch« zu sein, solange ich Leib und Seele miteinander verbinde. Dies drückt hier die *Stadt Davids* aus. Ich werde gewahr, dass mein innerer Christus gerade geboren ist. Und dieses neue Licht erscheint in meinem Leben im ganz normalen Alltag mit all den unschönen Dingen, die dazugehören. Denn eindeutig ist das Zeichen für den, der sich aufmacht: »*Ihr findet ein Kind, in Windeln gewickelt und in der Krippe liegend.*«

>> *Da plötzlich stand um den Engel die Menge himmlischer Wesen, die rühmten Gott und sangen: »Ehre sei Gott in der Höhe und Friede auf Erden euch Menschen, den Gottgeliebten!«* << Hier helfen mir alle himmlischen Wesen als Mittler zwischen Gott und mir, das Jenseitige mit dem Diesseitigen zu verknüpfen, die Geistwelt mit dem Irdischen in meiner Seele zu vereinen. Pure Freude steigt in mir auf, denn nun weiß ich: Ich bin von Gott geliebt. Ich bin ein *David*.

Meine Weihnachts- oder Hirtengeschichte schenkt mir ein tief gehendes Vertrauen, und dies wird auch zum Schluss der biblischen Erzählung mit vielen schönen und starken Worten recht deutlich. Lassen wir sie einfach zu Ende gehen: >> *Als nun die Engel von ihnen schieden und zum Himmel fuhren, sprachen die Hirten zueinander: »Lasst uns nach Bethlehem gehen und die Geschichte sehen, die da geschehen ist, die uns Gott kundgetan hat.« Sie kamen in aller Eile und fanden Maria, Josef und das Kind, das in der Krippe lag. Als sie es aber sahen, fingen sie an, allen, die dabei waren, zu erzählen, was sie erlebt hatten, und die Worte zu wiederholen, die ihnen über dieses Kind gesagt worden waren. Und alle, die davon hörten, wunderten sich. Maria aber behielt, was geschehen war, und alle diese Worte und bewegte sie in ihrem Herzen. Und die Hirten kehrten wieder um, rühmten Gott und priesen ihn für alles, was sie gehört und gesehen hatten und was so genau den Worten des Engels entsprach.* << Hier zeigt sich noch einmal auf eine andere Weise, sozusagen wie in einer »inneren Parallelveranstaltung«, dass sich meine Seele, mein inneres Ich, für den »Brotweg« entschieden hat. *Denn die Hirten gingen nach Bethlehem und kamen in aller Eile.* Wenn ich einmal mit den himmlischen Kräften in Kontakt komme, gibt es kein Zurück, und die Wandlung in mir erfolgt mitunter schnell. Mein Ich gelangt nun zu dem Stall – ein Bild, das wir alle aus der Advents- und Weihnachtszeit kennen – und dieser Stall repräsentiert als Symbol mein Leben. Dort findet und sieht mein Ich alles: Christus ist in mir als Licht geboren, mitten in meinem Alltag, in der Krippe liegend. Maria und Josef – meine linke und meine rechte Seite – sind miteinander verbunden. Ich bin nun ein »wahrer Mensch« geworden. Und mein Ich sieht alles andere in »meinem Stall« wie die Tiere, die wir alle kennen: den Esel als Symbol für unseren Leib, den Stier, der unsere Erdhaftigkeit und unsere Sexualität darstellt, und die Schafe als Zeichen für unsere Gefühle und Emotionen. Alles zusammen bin ich und mein Leben. Dabei darf ich darauf vertrauen, dass mein innerer Christus auch bei mir »zur Welt kommt«. Aber nicht alle, denen ich davon erzähle, können den Ablauf und den Prozess meiner inneren Gottesgeburt glauben. Wichtig ist für mich jedoch zunächst, dass ich diese Wandlung und diese Geschehnisse erfahren und begriffen habe, dass ich meine »Maria«- und »Josef«-Seite verbunden habe, sodass das Licht in mein Leben kommen kann. Die Heiligkeit all dessen wird so schön mit: *Maria aber behielt, was geschehen war, und alle diese Worte und bewegte sie in ihrem Herzen,* ausgedrückt. Diese Menschwerdung, wie ich es nenne, ist ein Gottesgeschenk. Mein Geschenk an Gott ist es, meine Menschwerdung anzunehmen und ihn zu preisen.

Die Weihnachtsgeschichte passiert jedem – irgendwann und viele Male.

Marta und Maria
oder
Eine subtile Polarität im
Erdendasein von uns Menschen

Diese Geschichte ereignete sich, als Jesus auf dem Weg nach Jerusalem war, und wird mit wenigen Worten vom Evangelisten Lukas erzählt. Jerusalem – oder besser das himmlische Jerusalem – verbildlicht stets die Vereinigung unseres Reinigungs- und Reifungsweges mit dem Reich Gottes auf Erden in uns selbst. Und jede spirituelle Reifung ist eng verknüpft mit unserer Selbsterkenntnis, für die »Marta und Maria« eine so treffliche Metapher ist.

Es ist zwar nur eine kurze Geschichte, aber sie hat es in sich. Beide Frauen symbolisieren bestimmte Aspekte unseres weiblichen Teils, der genauso wie der Gegenpol der männlichen Seite in jedem von uns steckt. Unsere eigene weibliche Seite wird auch die Leibseite genannt, die im Seelengefüge das Körperliche und Materielle des Lebens zum Ausdruck bringt. Wer mehr über die männlichen und weiblichen Seiten von uns selbst lesen und erfahren möchte, dem empfehle ich das Buch »Mann und Frau in der Bibel« von Irmgard Heß, durch welches ich erstmals mit diesem Inhalt vertraut wurde.

Marta und Maria stehen nun als Gegensatzpaar für einen ganz bestimmten Polaritätscharakter in unserer Leibseite. Diese Form der ›Zwei‹ in unserem Seelenteil, ausgedrückt durch die beiden Frauen in der folgenden knappen Erzählung, existiert nach meinem Empfinden in jedem von uns. Sicherlich beherbergt unser geistig-seelisches Innenleben diese Polarität in verschiedensten Ausprägungen und mit unterschiedlichen Gewichtungen bei jedem Einzelnen, aber diese

Form der ›Zwei‹ hat ihr feines, filigranes Netz in uns allen gespannt.

Führen wir uns jetzt auf der Grundlage des Textes die Szene von Maria, Marta und Jesus vor Augen.

>> *Auf dieser Reise kam er in ein Dorf, in dem eine Frau mit Namen Marta ihn aufnahm. Sie hatte eine Schwester namens Maria. Die setzte sich zu seinen Füßen und hörte ihm zu. Marta aber lief umher und machte sich viel zu schaffen, um ihren Pflichten als Gastgeberin nachzukommen. Da fragte sie Jesus: »Herr, stört es dich nicht, dass meine Schwester mich so allein arbeiten lässt? Sag ihr, sie solle mit anfassen!« »Marta«, erwiderte Jesus, »Marta, du machst dir Sorgen und kümmerst dich um tausend Dinge. Es ist weniger nötig, als du glaubst. Nur eins. Maria hat das bessere Teil gewählt, das soll man ihr nicht nehmen.«* <<

Wir erspüren vielleicht sofort, dass die Reaktion von Jesus am Ende dieser kurzen Szene einen Sinn ergibt. Dennoch ging es mir beim erstmaligen Lesen so, dass ich etwas verwundert war, und Martas Frage hatte für mich schon eine gewisse Berechtigung. Aber ich vermutete eine tiefere Bedeutung in den Worten Jesu und habe darüber nachgedacht. Als Untertitel zu »Marta und Maria« habe ich »eine subtile Polarität im Erdendasein von uns Menschen« ausgesucht, denn beide Frauen symbolisieren hier die gegensätzlichen Pole in unserer Seele, die unser »Erdendasein«, unser irdisches Leben, unseren ganz normalen Alltag mit unsichtbarer Hand lenken und bestimmen. Wer oder was ist nun »Maria« beziehungsweise »Marta« in uns? Wie kann ein derartiger Dualismus unsere Alltagswelt beeinflussen? Die Antworten finden wir, indem wir noch einmal in die Erzählung gehen.

Nachdem Marta den reisenden Jesus aufgenommen hatte, *setzte sich ihre Schwester Maria zu seinen Füßen und hörte ihm zu. Marta aber lief umher und machte sich viel zu schaffen, um ihren Pflichten als Gastgeberin nachzukommen.* Wir stellen ganz klar fest: Marta nimmt Jesus auf, lief umher und machte sich zu schaffen. Sie steht für die aktive Seite in unserem Inneren, die unsere »Macherin« ist und maßgeblich durch das Denken gesteuert wird. Dieses Denken kommt sehr deutlich in ihrer Frage an Jesus zum Ausdruck: »*Herr, stört es dich nicht, dass meine Schwester mich so allein arbeiten lässt?*, bei der wir sofort merken, wie kopfgesteuert sie an die Sache herangeht. Ihre Motivation ist stets die Aktion oder besser: der Aktionismus.

Ganz anders die Schwester, der andere Pol unserer Leibseite. Maria ist zwar nicht passiv, weil sie ja auch etwas tut, wie zum Beispiel sich setzen und zuhören. Sie steht aber eher für den inaktiven, ruhigeren Pol, wie ich ihn nennen will, und bildet das Gegengewicht zur »Macherin«. Maria versinnbildlicht den kontemplativen, stillen Teil in uns, ihr Merkmal ist das Fühlen.

Schauen wir nach dieser Betrachtung einmal in unser eigenes Leben. Ist es nicht so, dass wir selbst und viele unserer Mitmenschen oft von dieser denkgesteuerten Feder angetrieben und sogar durch das Leben getrieben werden? Der »Marta«-Einfluss auf unser tägliches Handeln ist meines Erachtens groß, wenn wir ehrlich zu uns selbst sind. Ein Merkmal unserer Welt – und hier speziell der industriell geprägten Welt – ist das Prädikat »immer mehr und schneller«. Wir verspüren so oft einen inneren Zwang, der da sagt: »Dreh auf und gib Gas!« Wir »machen«, »tun« und »schaffen«. Unsere Sprache kennt mittlerweile sogar das Verb »powern«. Wir leben auf der Überholspur, wir beschleunigen immer öfter und vergessen dabei, auch einmal den Ruhepol in uns anzusteuern. Und wir übersehen dadurch, dass weniger manchmal mehr sein kann. Aber vielen von uns geht es so, wie hier beschrieben, wenn die »Marta«-Seite ein

Übergewicht in uns erhält. Das soll nicht heißen, dass energiegeladenes Schaffen und Handeln etwas Nachteiliges ist. Keinesfalls. Aber es ist wie so oft: Das richtige Maß finden ist der Schlüssel zum Glück! Es soll nicht so weit gehen, dass wir uns schlecht fühlen, wenn wir einmal nichts tun. Unser sogenanntes Pflichtbewusstsein spielt uns jedoch manchmal einen Streich, und das ist nicht nur heute so, sondern das gab es auch schon früher. Dazu eine wahre und hier anekdotisch zu verstehende Begebenheit: Vor vielen Jahren ging die Großmutter meiner Frau, die in einem kleinen Dorf auf dem Lande lebte, werktags nie ohne Harke spazieren. Die Leute hätten ja denken können, »mer hat nix zu schaffe«!

Wir müssen daher auch auf unsere »Maria«-Stimme hören, um der »Marta«-Seite ein Gegengewicht zu geben und somit unser seelisch-geistiges Gleichgewicht zu erzeugen und zu erhalten. Denn eines ist klar: Leben und agieren wir ständig vom Kopf her, gestalten wir unseren Alltag überwiegend kopflastig, so bleibt es nicht aus, dass dieses Verhalten das sogenannte Sorgenmachen nach sich zieht. Daher blicken wir auf die stille Seite in uns, mit der es uns gelingt, nach innen zu gehen. Und Jesus sagt selbst: *»Maria hat das bessere Teil gewählt, das soll man ihr nicht nehmen.«* Hier ist der vorteilhafte Weg der Kontemplation, der Weg nach innen zu sich selbst gemeint. Am besten auch im ganz normalen Tagesablauf – wann immer und so oft es geht – einfach innehalten und für einen Augenblick nichts denken. Wir beschleunigen so oft, wir müssen dann auch einmal »entschleunigen«. Dieses neue Wort hat mittlerweile auch Einzug in unsere Sprache gehalten. Das Fühlen und Erspüren nach dem, was stimmig ist, stellt neben dem denkgetriebenen Handeln die notwendige Gegenseite dar, um eine immens wichtige Balance in unserem Leben zu halten. Nutzen wir jede Gelegenheit, der »Maria«-Stimme zu lauschen, sodass wir erfahren, was gut für uns ist!

Aber auch hier ist es wichtig, nicht zu polarisieren. Beide Seiten in uns – Maria und Marta – wollen entdeckt, gepflegt und vor allem verbunden werden. Oder in der Sprache der hebräischen Zahlensymbolik ausgedrückt: Diese >Zwei<, die in uns eine Spannung erzeugt, will überbrückt werden, und dies geschieht durch die >Drei< in unserer seelisch-geistigen Welt. Beide Standpunkte in uns sollen wir verstehen und >dreien<, das symbolisiert Jesus in der Geschichte und sehr deutlich auf dem Bild, auf das noch genauer eingegangen wird. Auch wenn er sagt, Maria habe das bessere Teil gewählt, welches man ihr nicht nehmen kann, so heißt das nicht, man solle immer nur nach innen gehen und die Stille in sich suchen. Es ist halt nun einmal so, dass uns diese Momente und Erfahrungen nie genommen werden können, während das nach außen gerichtete, kopfgesteuerte Agieren sich mitunter schnell in Schall und Rauch auflösen kann. Mir ist es wirklich schon so im Eifer des Gefechts gegangen, dass ich nicht mehr wusste, was ich eine Stunde zuvor gemacht habe! Daher möchte ich hier einen Auszug aus einer Glückwunschkarte zitieren, die ich zu meinem letzten Geburtstag bekam: »Es gibt eine Zeit des Schaffens, und es gibt eine Zeit zum Träumen … Wer das richtige Maß zwischen Alltag und Ruhe findet, hält sein Leben in Balance.« Wenn wir diese Worte mit der Bibelgeschichte verknüpfen und Maria und Marta in unserer Seele nicht als Gegner, sondern als Verbündete begreifen, so bedeutet das mit einfachen Worten, wir sollen bewusst und in dienlichen Dosierungen das ständige Geplapper unserer Gedanken zum Schweigen bringen, um dann wieder, verbunden mit der geistigen Welt und somit gestärkt, unseren ganz normalen Alltag zu leben und zu gestalten.

Die Rollen von Marta und Maria in unserer Innengeschichte haben wir jetzt angeschaut. Welchen Part spielt nunmehr Jesus darin? Wie können wir ihn in das Geschehen einordnen und vor allem, was bewirkt er in diesem Teilabschnitt unserer Seelenlandschaft? Jesus ist das innere göttliche Licht in uns allen, das wir in der Stille entdecken sollen, wenn wir nach innen gehen. Er ist die Stimme, die dort im Stillen zu uns spricht. Und hier in »Marta und Maria« stellt er die verbindende und ausgleichende ›Drei‹ dar. Der Maler Jan Vermeer van Delft (1632 – 1675, Meister der im Licht leuchtenden Farbe) hat diesen »Dreischritt« in seinem Gemälde »Christus bei Maria und Marta« so schön in Szene gesetzt. Maria, sitzend zu seinen Füßen und ihn anblickend, und Marta, stehend und über den Tisch gebeugt und ebenfalls Jesus zugewandt, haben keinen Blickkontakt zueinander. Sie wirken auf den Betrachter voneinander getrennt, sie sind ja zwei gegensätzliche Pole. Der Tisch steht genau zwischen ihnen, wodurch dieser und beide Frauen eine Gerade zu bilden scheinen. Jesus sitzt nun neben dem Tisch und bringt dadurch eine andere Perspektive in das Bild. Durch seine Kopf- und Handhaltung verbindet er die »polaren« Frauen. Sein Kopf ist Marta zugewendet und gleichzeitig streckt er seine rechte Hand Maria zu. Er wirkt wie eine Brücke, die verbindet!

Vielleicht hat der eine oder andere Leser die Gelegenheit, dieses Bild zu betrachten. Obwohl ich noch nie eine Bildmeditation gemacht habe, lud mich dieses Bild dazu ein.

Der verlorene Sohn
oder
Umweg erwünscht

Ich behaupte ganz einfach: »Diese Evangeliumgeschichte hat ein jeder von uns schon mindestens einmal in der einen oder anderen Weise erlebt.« Bevor das von Lukas überlieferte Gleichnis jedoch hier wiedergegeben wird, möchte ich eine abgewandelte Version dieser Erzählung von dem berühmten brasilianischen Schriftsteller Paulo Coelho voranstellen. Er nennt sie »Der verlorene Sohn oder Von glückhaften Umwegen« (aus »Der Wanderer«, Diogenes Verlag):

Auf der Suche nach unseren Träumen und Idealen gehen wir in die Welt hinaus. Häufig halten wir das für unerreichbar, was in Reichweite liegt. Wenn wir den Irrtum erkennen, haben wir das Gefühl, wir hätten unsere Zeit vergeudet, indem wir in der Ferne suchten, was so nahe lag. Wir machen uns Vorwürfe wegen der falschen Schritte, wegen der nutzlosen Suche, wegen des Unheils, das wir angerichtet haben.

Der Meister sagt:

»Auch wenn der Schatz in deinem Haus vergraben ist, wirst du ihn erst finden, wenn du dich entfernst. Hätte Petrus nicht dreimal geleugnet, wäre er nicht zum Oberhaupt der Kirche erwählt worden. Hätte der verlorene Sohn nicht alles verlassen, wäre er nicht von seinem Vater festlich empfangen worden.

In unserem Leben gibt es Dinge mit einem Siegel, auf dem steht: ›Du wirst meinen Wert erst erkennen, wenn du mich verloren und wiedergefunden hast.‹ Es ist nicht gut, diesen Weg abkürzen zu wollen.«

Ich finde diese Interpretation in ihrem Ausdruck und in ihrer gleichzeitigen Schlichtheit sehr schön und zutreffend. Sie kann in vielerlei Hinsicht gelesen und gedeutet werden, denn sie beinhaltet sowohl unsere Suche nach Glück in der eigenen Seelenlandschaft als auch in unserem äußeren Lebensumfeld. Und damit bin ich hier auch direkt bei meinem Thema, zu dem mich die so wunderschöne und berühmte Lukasgeschichte sowie die meisterhafte Abwandlung von P. Coelho verleitet hat: Wie sollen wir mit eigenen Gedanken, Empfindungen und Vorstellungen umgehen, wenn diese unsere Psyche in einen Irrgarten zu verwandeln scheinen? Gibt es einen tieferen Sinn, wenn wir manchmal scheinbar unübersehbare Umwege in unserem realen Leben gehen, zum Beispiel in der Liebe, im Beruf, im ganz normalen Alltag? Und was will uns die Rolle des Vaters in der Geschichte lehren, wenn wir uns beim Lesen mit einem der beiden Söhne identifizieren? Ausgestattet mit diesen Leitfragen möchte ich nun in diese »Trostgeschichte« höchsten Grades eintauchen, die tief in unserer Seele als innerer Prozess abläuft.

Ich habe den Trost im letzten Satz so besonders hervorgehoben, weil das Gleichnis vom verlorenen Sohn für mich etwas absolut Tröstendes hat, das tiefe Empfindungen in mir auslöst und eine wertvolle Lebenshilfe ist. Viele biblische Geschichten und vor allem die Psalmen handeln vom Trost und der unendlichen Liebe Gottes. »Der verlorene Sohn« drückt diese zärtliche Gottesliebe des Vaters meiner Ansicht nach besonders stark aus. Im Hebräischen heißt diese tiefste Herzliebe »chesed«, die jeden Ausdruck menschlicher Liebe übersteigt. Doch von all dem mehr, wenn wir uns im späteren Verlauf die Vaterrolle in der Erzählung genauer anschauen.

Ein weiterer Grund, warum mir diese Lukasgeschichte sehr am Herzen liegt, ist ein Großteil Selbsterkenntnis, derer ich beim tieferen Einblick in mein Leben gewahr werde. Gerne möchte ich hier eigene Beispiele derartiger Selbsterkenntnis anführen, bevor wir uns dem biblischen Gleichnis widmen, das Jesus den Menschen erzählte. Daher schildere ich zunächst zwei sehr persönliche Episoden aus meinem Leben, bei denen Umwege und Irrwege in meiner Seele und in meinem gelebten Alltag durchwandert wurden, bevor ich »nach Hause« kam.

Die erste handelt in Kurzform von einem inneren Prozess im Laufe meines bisherigen Lebens und erfasst meine unterschiedlichsten Verhältnisse zu Gott. In meinem Kindesalter und während meiner ersten Jugendjahre gab es sicherlich so etwas wie Ahnungen in meiner Seele und einen zaghaften Glauben in meinem Herzen, dass es ein über allem stehendes existierendes Etwas geben muss, das unsichtbar und nicht von dieser Welt ist und das wir Gott nennen. Als junger Mann entdeckte ich meine Neugier für die Naturwissenschaften, studierte nach dem Abitur dann auch Chemie und war den wenigen »philosophischen« Fragestellungen und Diskussionen in diesem damaligen Lebensabschnitt stets souverän als knallharter Wissenschaftler begegnet, der für alles eine Antwort auf Basis mechanistischer Überlegungen aus Physik und Chemie parat hatte. Ich vertrat auch die Meinung, dass es für alles eine nüchterne naturwissenschaftliche Erklärung gab, wir Menschen nur noch nicht alle Einzelheiten und physikalischen Zusammenhänge entdeckt hätten. Im Prinzip können wir Menschen alles »im Griff« haben und Gott bräuchten wir eigentlich nicht. Diese Phase prägte meine Seelenlandschaft mehrere Jahre, worauf ein Abschnitt folgte, den ich den »irdisch-materiellen« Teil meines Lebens bezeichnen möchte. Ich machte mir um die Existenz einer universellen, göttlichen Kraft recht wenig Gedanken. Meine Hauptinteressen lagen im Bereich der Beziehungen und des Lebens in der Welt der Materie. Es galt, eine Existenz aufzubauen, wie man so schön sagt, Erfolg zu haben und das Leben zu genießen. Irgendwann vor mehreren Jahren gab es dann jedoch so etwas wie einen Wendepunkt in meinem Leben, an dem ich zu erkennen begann, dass ich einem Irrtum unterlegen war. Denn fast schlagartig wurde mir klar, dass ich mich bisher nur in einer kleinen, sehr begrenzten Welt aufhielt, obwohl ich mit den Jahren deutlich mehr Wissen und vor allem viele Erfahrungen angesammelt hatte. Dieser Wendepunkt bescherte mir einen unbeschreiblichen Reichtum. Ich wusste mit einem Male, dass ich nicht nur ein Wesen in einer materiellen, sondern auch ein Wesen in einer unsichtbaren geistigen Welt bin. Und mir war klar: Es gibt eine göttliche Energie, mit der ich stets verbunden bin. Die Entdeckung dieser Verknüpfung von der diesseitigen mit der jenseitigen Welt war für mich die »Heimkehr« in meiner Seele. Während ich als junger Mensch dies vielleicht nur ahnte, so wusste ich es jetzt.

Die zweite Episode, die ich gerne anführen möchte, spielte sich in meinem äußerlichen Leben ab und beschreibt so treffend, dass das Gute doch so nah liegen kann. Sie handelt von der beruflichen Karriere und dem, was ich dafür hielt. Ich arbeite in einem Großunternehmen der chemischen Industrie und übte seit einigen Jahren gern und recht erfolgreich die gleiche Funktion aus. Dennoch trieb mich der Wunsch, mich zu verändern, und vor allem, aufzusteigen und Karriere zu machen. Letzteres fast um jeden Preis. Ich streckte also meine Fühler aus und wollte partout in eine bestimmte Abteilung wechseln, von wo es – in der Regel – »nach oben« ging. Nach anfänglichen guten Aussichten blieb mir allerdings ein Wechsel verwehrt. Während dieser Phase las ich in einem Buch über Persönlichkeitsentwicklung, jeder Mensch solle sich einmal ganz ehrlich die eigenen Talente und Fähigkeiten vor Augen führen. Da ich gerne schreibe, habe ich in einer stillen Stunde alles aufgelistet, was mir einfiel, und war erstaunt, was und wie viel da zum Vorschein kam. Und siehe da: Meine identifizierten Talente und Fähigkeiten passten so gar nicht zu dem Anforderungsprofil der Stelle, die mich doch so reizte. In dieser Phase bekam ich eine äußerst interessante Idee zu einem neuen Arbeitsgebiet, das gut zu meinem schon langjährig ausgeführten Job passte. Diese Idee baute ich in meinem bisherigen Umfeld aus, ich arbeite heute noch in der gleichen Einheit, denn der Schatz lag dort verborgen. Und in mir! Als ich einige Zeit später meine »Talent-Liste« in die Finger bekam, musste ich schmunzeln. Alle aufgeführten Punkte kann ich in diese neue Idee und daraus resultierende Arbeit hineinfließen lassen. Aber anscheinend musste ich den Umweg gehen …

Soviel als Einleitung zu der großartigen Lukasgeschichte, auf deren Anfang wir nun schauen wollen:
\>\> *Während Jesus zu den Menschen predigte, dass Gott die schwarzen Schafe liebt, erzählte er auch folgendes Gleichnis: »Ein Mann hatte zwei Söhne. Eines Tages bat ihn der Jüngere: ‚Vater, gib mir das Teil deiner Güter, das mir zusteht.' Der teilte das Gut. Der Jüngere aber machte wenige Tage danach seinen Anteil zu Geld, packte alles zusammen und zog in ein fernes Land. Dort lebte er in Saus und Braus, bis sein Besitz aufgezehrt war.* \<\<

Dieser einleitende Abschnitt beschreibt eine Szene, wie sie genauso in unserer heutigen modernen Gesellschaft ablaufen könnte: Ein Sohn fragt noch zu Lebzeiten des Vaters nach seinem Erbteil, um es schon jetzt zu gebrauchen. Dies ist mittlerweile nichts Unübliches, man kann ja Erbschaftssteuer sparen. So sind diese Worte jedoch nicht gemeint. Sie enthalten viel mehr, und schon gleich zu Beginn der Erzählung werden wir mit Weisheit und Wahrheit beschenkt, die wir in unser Leben einfließen lassen können. Wir versuchen einfach einmal, uns diese Begebenheit so vorzustellen, dass sie in uns selbst, in unserer Seele abläuft. Dabei denken wir daran, dass wir alle Kinder Gottes sind und ein sehr wertvolles Geschenk mit auf den Weg bekommen haben: die Freiheit, jederzeit Entscheidungen treffen zu können, was wir auch permanent tun! Diese Freiheit besitzt sowohl unsere Seele im Verborgenen unseres Selbst als auch unser Geist, den wir ganz bewusst dafür einsetzen können. In unserem Inneren beherbergen wir nun wie im Gleichnis einen Vater und zwei Söhne. Ein Teil von uns – der jüngere Sohn – entscheidet sich, eine ganz bestimmte Erfahrung zu machen. Dabei entfernt er sich vom Vater, dem inneren Zentrum in uns, oder anders ausgedrückt: Wir entfernen uns mit einem Teil von unserem göttlichen Kern. Dieser Weggang vom eigenen inneren Zentrum ist die Folge einer unserer Entscheidungen, und der Vater folgt schlichtweg diesem Wunsch, indem *er das Gut teilte*. Unter Teilung verstehe ich hier die Trennung, die Absonderung von unserem Selbst, das stets mit der göttlichen Energie verbunden ist. Diese Absonderung vom göttlichen Zentrum wird durch die Tatsache unterstrichen, dass der Sohn *seinen Anteil zu Geld machte, alles zusammenpackte und in ein fernes Land zog*. Übertragen auf unseren inneren Entwicklungsweg, um den es ja hier geht, heißt das: Wir entfernen uns von bekannten und gelernten Strukturen und Mustern unserer Geist- und Gefühlswelt und gehen das Wagnis ein, in eine Terra incognita der Gefühle zu reisen, in ein fernes Land weit ab vom Vater. Die Betonung von Geld und dem Leben in Saus und Braus verdeutlicht symbolhaft, dass wir in unserer Gefühlswelt sogenannten »falschen Zielen und Vorstellungen« nachgehen, die uns letztendlich gar nicht glücklich machen, wie wir noch sehen werden. Aber das Bild des Geldes und des damit geführten Lebens kann auch ganz einfach für den Aufbruch in ein rein nach außen gewandtes und materiell geprägtes Leben stehen. Auf jeden Fall befindet sich der jüngere Sohn in uns in einer Welt, in der irdisch-materielle Qualitäten im Vordergrund stehen und die die Endlichkeit aufzeigen, denn es wird bereits angedeutet, dass *sein Besitz aufgezehrt war*. Bevor wir uns die Geschichte weiter anschauen, halten wir hier inne und schauen in unser eigenes Leben. Ein jeder von uns findet bestimmt Beispiele, die seelische oder im Außen existierende Irrwege und Erfahrungen darstellen und bei denen wir im Nachhinein gemerkt haben, dass wir von irgendetwas abgekoppelt waren. Was passiert in einem solchen Stadium mit uns? (Es sei schon an dieser Stelle erwähnt, dass derartige Umwege einfach zum Leben und zur eigenen persönlichen Entwicklung gehören. Sie sind nichts Schlimmes, und sie sind fester Bestandteil unseres Reifungsprozesses, was wir im weiteren Verlauf der Erzählung noch genauer analysieren werden.)

Nun, es passiert das, wovon ein jeder zumindest die Konsequenz kennt. Es fängt an, uns schlecht und immer schlechter zu gehen, bis wir Einkehr halten und uns besinnen. Das Gleichnis drückt dies so aus: >> *Als er alles verbraucht hatte, kam eine schwere Hungersnot über jenes Land, und er geriet in Not. Da ging er zu einem Bürger des Landes und wurde sein Knecht. Der schickte ihn zum Schweinehüten auf seine Felder. Und er hätte gerne seinen Bauch gefüllt mit den Schoten, die die Schweine fraßen, aber niemand gab sie ihm. Da ging er in sich und überlegte: Mein Vater hat so viele Tagelöhner, die mehr Brot haben, als sie brauchen, und ich gehe im Hunger zugrunde. Ich will mich auf den Weg machen, zu meinem Vater gehen und zu ihm sagen: ,Vater, ich habe unrecht getan gegen Gott und gegen dich. Ich bin nicht mehr dein Sohn. Mach mich zu deinem Tagelöhner.' Und er brach auf und wanderte nach Hause zu seinem Vater.* << Zunächst soll dieser tragödienhaft anmutende Teil wieder als Innengeschichte verstanden und auf unser Leben transferiert werden. Stecken wir in einem derartigen Teil unserer Seelenlandschaft, *in einer schweren Hungersnot in jenem Land,* wie es in der Geschichte heißt, dann geht es uns elend und schlecht. Denn die Seele verlangt nach Nahrung, die sie in unserer jetzigen Lebenssituation nicht bekommt. Dies umschreiben wir oft damit, dass wir eine innere Leere verspüren. Uns fehlt dann etwas, was wir manchmal gar nicht benennen können. Aber wir wissen, dass wir es zum Glücklichsein dringend brauchen. In Wirklichkeit sind wir nämlich abgetrennt von unserem inneren Christus, dem kleinen Licht in uns, das die göttliche Liebe in jedem Herzen beherbergt. Im »Vater unser«-Gebet bitten wir nicht umsonst: »… unser täglich Brot gib uns heute …«, und meinen damit nicht nur die Speise, die wir für unser leibliches Wohl brauchen, sondern auch die Nahrung für unser Seelenheil.

In unserem äußeren Leben können wir ebenfalls wie der jüngere Sohn in Not geraten, nachdem wir unsere gewohnten Trampelpfade verlassen haben. Vielleicht haben wir etwas ganz Neues probiert, vielleicht etwas sehr Aufwendiges oder etwas in einer neuen Umgebung. Es ging jedoch komplett schief und wir sind damit so richtig auf die Nase gefallen, standen vielleicht sogar vor dem Nichts! Aber wir sind ja noch nicht am Ende unserer Entwicklungs- und Menschwerdungsgeschichte …

Der Hinweis auf das Schweinehüten deutet einen Wendepunkt an, der Tiefpunkt ist erreicht und eine neue Entwicklung setzt ein. Und was für eine Entwicklung! Die essenzielle Botschaft, mit der dieser Prozessabschnitt eingeleitet wird, steckt in dem Satz: *Da ging er in sich und überlegte.* Innehalten und sich erinnern, wer wir sind. Unser Seelenanteil, der keine Verbindung mehr zu unserem göttlichen Zentrum hat und damit das Unglücklichsein in uns hervorruft, realisiert mit einem Male die totale Trennung vom Vater, unserem wahren Selbst. Wir erkennen, dass das Glück und die Fülle des Lebens in uns zu suchen und zu finden sind. Allerdings erkennen wir noch nicht, dass auch das sogenannte Falsche, der Irrtum, das Unheil und die falschen Schritte richtig und wichtig waren.

Dieses Stadium werden wir erst zu einem späteren Zeitpunkt erreichen. Wichtig ist wirklich die Erkenntnis, nach innen zu gehen, uns unserem Vater, dem göttlichen Kern in uns, wieder zuzuwenden. Vor einiger Zeit bekam ich folgenden Satz geschenkt, der dies so schön zusammenfasst: »Gehst du nicht nach innen, so gehst du leer aus.« »Leer sein« können wir hier mit der Hungersnot in der Geschichte vergleichen. Diese Erkenntnis hat auch der jüngere Sohn gemacht, er kehrt um und tritt den Weg nach Hause an.

Im Äußeren sind es eventuell Beispiele folgender Lebenssituationen, bei denen wir nach Um- und Irrwegen die Heimkehr antreten: Auf Umwegen, die oftmals viele Jahre dauern können, gelangen wir zu der Arbeit, die wir gerne und gut tun. Nicht selten finden wir diesen Job an gleicher Stelle, wo wir vielleicht einmal eine Ausbildung gemacht oder schon einmal gearbeitet haben. Allerdings sind wir zwischendurch anderen Tätigkeiten nachgegangen, haben mittlerweile sogar etwas anderes gelernt, arbeiteten vielleicht im Ausland. Und dann finden wir uns eines Tages an dem Platz wieder, dessen Umgebung wir von früher so gut kennen, ja wir sind im wahrsten Sinne zurückgekehrt. Oder wir laufen eine Zeit lang auf Irrwegen, indem wir lieb gewonnene und uns vertraute Menschen verlassen und uns anderen Menschen anschließen. Erst viel später merken wir vielleicht, dass sie uns nicht guttun. Manchmal kommen wir ja zurück … Die möglichen Wege, die unsere Seele im Verborgenen und wir in unserem Leben gehen und dabei neue Erfahrungen sammeln und ausprobieren, sind vielfach und vielschichtig. Dabei geht es einerseits um den Weg und andererseits immer um das »nach Hause kommen« wie wir jetzt im weiteren Verlauf sehen werden.

Nachdem wir uns gerade mit dem Wendepunkt beschäftigt haben, geschieht jetzt das Wunderbare im Gleichnis und in uns selbst. >> *Als er noch fern war vom Haus, sah ihn sein Vater kommen. Es tat ihm weh, ihn so zu sehen, und er tat ihm leid. Er eilte ihm entgegen, fiel ihm um den Hals und küsste ihn. Der Sohn fing an: ‚Vater, ich habe unrecht getan gegen Gott und gegen dich. Ich bin nicht mehr dein Sohn.' Der Vater rief seine Knechte: ‚Schnell, bringt das beste Kleid und zieht es ihm an! Und holt einen Ring an seinen Finger und Schuhe für seine Füße! Bringt das gemästete Kalb her und schlachtet es, und dann lasst uns essen und fröhlich sein. Denn der hier, mein Sohn, war tot und ist wieder lebendig. Wir hatten ihn verloren und haben ihn wiedergefunden.' Und sie fingen an, ein Fest zu feiern.* <<

Zwei verschiedene Situationsebenen in unserem Selbst werden hier mit dem Symbol der Heimkehr angesprochen, die parallel existieren und wie zwei Wasserläufe aufeinander zuströmen, ineinanderfließen und eins werden. Einer dieser Ströme ist der Vater und in ihm fließen Schmerz und Liebe. Er empfindet einen starken Schmerz, denn auch er litt während der ganzen Zeit, da sein Sohn getrennt von ihm in der Ferne große Not erlebte. Hier in diesem Akt des Leidens bekommen wir wahre Gotteseigenschaften zu Gesicht. Gott lässt uns alle Erfahrungen machen, die unsere Seele machen will. Wir erkennen dies in der Geschichte daran, dass der Vater das Gut teilte und den Sohn gehen ließ. Gott ist jedoch immer da, auch oder gerade im Leid, immer dann, wenn etwas mit uns oder in unserem Leben nicht stimmt. Nur der leidende Teil in uns, der Sohn im fernen Land, hat keinen Zugang zu ihm. Wir sind in einer solchen Phase getrennt von unserem lichten Wesenskern. Weiterhin entdecken wir im Evangeliumtext, dass der Vater große Freude empfindet und unendlich liebt. Er *fiel ihm um den Hals und küsste ihn.* Er ließ ihn festlich schmücken und gab ihm sein Bestes, das gemästete Kalb. Das Fest, das gefeiert wird, steht als Sinnbild für den Himmel auf Erden und beschreibt unseren Seelenzustand in einem solchen Moment.

Jetzt findet die wahre Heimkehr statt, der Sohn ist gefunden, angekommen, wieder lebendig, heißt es im Text. Wieder lebendig sein bedeutet hier wieder eins und verbunden mit unserem wahren Selbst sein. Solche Phasen in jedem unserer vielen Reifungsprozesse erkennen wir nach dem Durchwandern unserer inneren und äußeren Umwege immer am großen Glück und der stillen Freude in unserem Herzen, am geistigen Frieden und der Weisheit, die wir spüren, an der Freiheit und der Erleuchtung, welcher wir uns erfreuen. All dies geschieht mit uns natürlich nur dann, wenn wir bereit sind, in die Stille und in unser Inneres zu gehen. Von der Ordensfrau und bedeutenden Mystikerin Hildegard von Bingen (1098 – 1179) stammt folgender weiser Satz, über den ich gerne meditiere und der mir hilft, in die Stille zu gelangen: »O Mensch, du bist geliebt, denn du bist von Gott gewollt.« Wann immer wir abgeschnitten von unserem Selbst in der Fremde sind und dort Not und Hunger leiden, weil wir mutig andere Pfade ausprobieren, uns einfach getraut haben auszubrechen, haben wir die Chance und die Wahl zur Umkehr. Und wir haben Gottes Führung bis zum »nach Hause kommen«. In Kombination mit dem gerade erwähnten Weg nach innen ist das bewusste Erleben der Heimkehr ein wahrer Erkenntnisgewinn sowie eine Bewusstseinserweiterung im Leben. Eine uns bewusst gemachte Heimkehr vergessen wir nicht.

Wenden wir uns jetzt dem »Sohn-Teil« in uns zu. Ich möchte bei meinem oben gewählten Bild der beiden Flüsse bleiben, in dem der andere Strom nun der verlorene und heimkehrende Sohn ist. In ihm fließen Sehnsucht und Schuld. Die Sehnsucht erwachte in der Ferne, unterschwellig war sie immer schon in ihm. Seine Schuldgefühle bringt er in dem Satz: ‚*Vater, ich habe unrecht getan gegen Gott und gegen dich*', deutlich zum Ausdruck. Da dieser Satz gleich zweimal im Gleichnis vorkommt, ist ihm durchaus eine angemessene Wichtigkeit zuzuschreiben.

Er will besagen, dass der Sohn gemerkt hat, nicht mehr mit der rechten Seite verbunden zu sein (= Un»recht«), die stets die Verbindung zur unsichtbaren göttlichen Welt symbolisiert. In der Umarmung von Vater und Sohn lösen sich nun all diese Gefühle auf und gipfeln in den schon oben erwähnten seelischen Zuständen des absoluten Glücks und der immensen Freude. In der Einswerdung mit dem Vater werden die Schuldgefühle des Sohnes überflüssig. Der Sohn braucht sie nicht mehr zu haben, der Vater freut sich ja riesig. Daraus können wir viel für unser Leben lernen. Wenn wir unsere sogenannten falschen Schritte machen, nur auf Umwegen zu unserem Glück finden, so brauchen wir uns nicht schuldig und schlecht zu fühlen. Ja, wir sollen es sogar nicht. Auch bei diesem Aspekt hilft uns wieder das großartige, mächtige Gebet, das uns Jesus gab. Darin heißt es nämlich: »… und vergib uns unsere Schuld, wie auch wir vergeben unseren Schuldigern …« Und an erster Stelle müssen wir uns selbst vergeben. Wenn das kein offenes Scheunentor zum Trost und zur Liebe ist! Alles war richtig. Jeder unserer eigenen Umwege gehört in unser Leben und zu unserer Reifung dazu, nur so kann diese überhaupt geschehen. Diese Erkenntnis erlangen wir aber immer erst nach einer Heimkehr, so ist zumindest meine Erfahrung. Und auf all unseren Wegen dürfen wir in Gottes Führung und Fügung vertrauen. Dieses Vertrauen zu entwickeln, mit dem wir uns wahrhaftig ins Leben fallen lassen können, ist vielleicht der schwierigste Schritt im Reifungsprozess. Dabei hilft eventuell der folgende Hinweis aus dem Gleichnis: *Er eilte ihm entgegen.* Dieses Entgegenkommen ist mehr als eine Geste, es ist eine Hilfe, die auch im letzten Abschnitt der Evangeliumgeschichte eine wesentliche Rolle spielen wird.

Eigentlich könnte das schöne und Trost spendende Gleichnis hier zu Ende sein. Wenigstens dachte ich anfangs so. Aber den

Abschluss bildet ein neuer und aufschlussreicher Hinweis auf unsere teilweise verworrenen Egokräfte. Der ältere Sohn betritt die Bühne. Unserem Ich wird ein weiterer wichtiger Aspekt vor Augen geführt. Wir haben es jetzt mit einer komplexen Vierpersonenaufführung zu tun: die beiden Söhne, der Vater und jeder einzelne von uns. >> *Der ältere Sohn war eben auf dem Feld. Als er kam und auf das Haus zuging, hörte er Musik und Reigentanz. Da rief er einen der Knechte und fragte, was das zu bedeuten habe. Der antwortete: ‚Dein Bruder ist gekommen. Da hat dein Vater das Kalb geschlachtet, das gemästete, weil er ihn gesund wiederhat.' Da wurde er zornig und wollte nicht hineingehen. Der Vater aber kam heraus und bat ihn: ‚Komm herein!' Er aber antwortete: ‚Das musst du verstehen. Ich arbeite für dich so viele Jahre und habe noch nie eine Anordnung missachtet. Du hast mir aber noch nie auch nur einen Bock gegeben, dass ich mit meinen Freunden hätte feiern können. Jetzt aber, da er – dein Sohn! – kommt, der sein Vermögen mit den Huren verludert hat, schlachtest du für ihn das gemästete Kalb.' ‚Kind', antwortete der Vater, ‚du bist immer bei mir, und alles, was mir gehört, gehört auch dir. Es ist aber nötig, dass wir ein Fest feiern und uns freuen. Denn er – dein Bruder! – war tot und ist wieder lebendig geworden. Wir hatten ihn verloren und haben ihn wiedergefunden.'* « << Viele Menschen empfinden beim Lesen bestimmt Sympathie für den älteren Sohn, den Bruder, und identifizieren sich gar mit ihm. Er reagiert und denkt doch nur allzu menschlich, oder? Was geschieht also hier und welche Rolle spielt nun dieser andere Sohn in Bezug auf uns und unser Inneres? Wie bereits angedeutet, gehört der letzte Teil mit dem älteren Sohn und Bruder zur Geschichte und ist wichtig. Nur so erhalten wir ein Gesamtbild von uns selbst.

Fangen wir einmal mit seiner ersten Emotion an. *Da wurde er zornig und wollte nicht hineingehen* heißt es im Text und: *Der Vater aber kam heraus und bat ihn: ‚Komm herein!'* Letzteres sollte uns irgendwie bekannt vorkommen. Wieder einmal ist es der liebevolle Vater, der auf den Sohn zugeht. Nur befindet sich dieser nicht auf der Heimreise. Er verspürt Wut, was so viel heißt, dass ein bestimmter Teil in uns von unserem wahren Selbst und Licht abgetrennt ist. Was macht diesen anderen Teil in uns aus? Der ältere Sohn repräsentiert den Seelenanteil, der nicht bereit ist, etwas auszuprobieren oder neue und unbekannte Wege zu gehen. Vielmehr steht er für die Eigenschaft, angepasst nach den Gesetzen zu leben, von denen er meint, sie seien wichtig. Das kommt so schön in dem Satz zum Ausdruck: *Ich arbeite für dich so viele Jahre und habe noch nie eine Anordnung missachtet.* Aber wir sind nicht auf der Welt, um das zu tun, was andere von uns wollen. Da der Sohn sich weder in die innere oder äußere Fremde begibt, wie sein Bruder es getan hat, entwickelt er auch keine Sehnsucht nach dem »Heimkommen«. Ihm fehlt dieser Entwicklungsschritt, und daher hat es bis dato auch keine Verschmelzung zum Glück für ihn gegeben, den Himmel auf Erden kennt er nicht. In der Erzählung wird dies ausgedrückt, dass *er noch nicht mit seinen Freunden hätte feiern können.* Wenn wir seelisch mehr in diesem »Sohn«-Teil stecken, fehlt uns eine ganz bestimmte Art der persönlichen Freiheit, die uns unser Glückes Schmied sein lässt. In einem solchen Zustand agieren und reagieren wir meist angepasst und müssen somit oft Dinge tun sowie Situationen erleben, die wir eigentlich gar nicht wollen. Ich nenne diese Seelenseite einmal die Frustrationsseite in uns. Sie wird dadurch hervorgerufen, dass wir nicht in der Lage sind, über unseren eigenen Schatten zu springen und Selbstverantwortung zu übernehmen.

»Wie innen, so außen« heißt es so schön. Auch bei dieser Betrachtung unseres inneren Prozessweges gibt es wieder einen Spiegel in die Außenwelt unseres Daseins. Denn haben wir nicht alle schon einmal Neid auf andere verspürt oder tun dies vielleicht in der jetzigen Lebenssituation? Auch diese Erfahrungen und Seelenlagen haben ihre Berechtigung in unserem Leben. Wir dürfen so sein und erhalten das schönste Geschenk. Lukas drückt es so aus: *‚Kind', antwortete der Vater, ‚du bist immer bei mir, und alles, was mir gehört, gehört auch dir.'* Dies ist ein sehr deutlicher Beweis der »chesed«, der zärtlichen Gottesliebe des Vaters. Er liebt seine beiden Söhne. Beide Anteile existieren in uns selbst, sie sind mehr oder weniger ausgeprägt vorhanden und … sie sind richtig.

In diesem für die Seele so wohltuenden und für uns immens kostbaren Gleichnis ist der Vater für mich unser göttliches Lebenselixier und die unendliche Liebe. Dieser göttliche Funken will immer wieder von uns angesteuert werden. Er liebt beide Anteile in uns, den jüngeren wie den älteren Sohn. Und er liebt einen jeden von uns mit diesen beiden gegenpoligen Anteilen. Ist es nicht herrlich, in dieser Bibelgeschichte von einer Möglichkeit der himmlischen Vereinigung mitten in unserem Leben zu erfahren?

Ich wünsche allen eine gute Heimkehr.

Jesus und der Blinde
oder
Das Erwachen einer neuen Persönlichkeit

Markus erzählt uns in dieser Evangeliumgeschichte von einer im wahrsten Sinne des Wortes »wundervollen« Begebenheit. Heute sehe ich sie als eine verschlüsselte Botschaft, die eine Möglichkeit unseres Transformations- und Reifungsweges beschreibt. Damit meine ich hier den Weg von einer materiell geprägten, von Egokräften und Süchten durchzogenen Lebensweise hin zu einer spirituellen Lebensart, die die unsichtbaren Geistkräfte in unsere physische Welt einlässt und eine bleibende Verschmelzung in unserem ganz normalen Alltag bewirkt.

Aber wie habe ich die Erzählung von »Jesus und dem Blinden« früher gesehen? Was verband ich als junger Mensch mit einer solchen neutestamentlichen »Wunder«geschichte? Obwohl es schon mehr als zwanzig Jahre zurückliegt, erinnere ich mich noch gut an ein Streitgespräch mit Freunden, bei dem ich nach einer Erklärung für die von Jesus vollzogenen Wunder suchend schließlich die Meinung vertrat, dass Jesus wohl ein guter Arzt und Heiler gewesen sei und die Geschichten über seine Heilwunder im Laufe der Zeit etwas verfälscht und überzogen worden seien. Heute weiß ich es besser, denn sie offenbaren tiefe seelische Prozesse und Zustände in einem jeden von uns. Wir sind mit der folgenden Geschichte von Markus reich beschenkt, in ihr liegt wahrhaftig Hoffnung und Fülle.

>> *Nach Jericho kamen sie und durchzogen die Stadt. Als sie diese eben verlassen hatten, er, seine Jünger und eine beträchtliche*

Menschenmenge, saß da ein Blinder namens Bartimäus am Weg und bettelte. Als der hörte, Jesus aus Nazaret komme vorbei, fing er an zu schreien: »Jesus, du König Israels, hilf mir!« Die Leute fuhren ihn an, er solle den Mund halten. Er rief aber umso lauter: »König Israels, hilf mir!« Da blieb Jesus stehen: »Holt ihn her!« Und sie holten ihn: »Steh auf! Du hast Glück! Er ruft dich!« Er ließ seinen Mantel liegen, sprang auf und ging zu Jesus. Der fragte ihn: »Was willst du? Was soll ich für dich tun?« »Meister«, war die Antwort, »ich will sehen!« Jesus erfüllte seine Bitte: »Geh! Dein Glaube war deine Rettung.« Da öffnete der Blinde die Augen und sah. Er schloss sich Jesus an und folgte ihm auf dem Weg. <<

Ein jeder realisiert beim Lesen dieses Textes, dass etwas Großartiges und fast Unvorstellbares passiert, und ahnt vielleicht schon, dass von einer bedeutsamen Wandlung die Rede ist, die wir noch nicht sogleich in passende Worte umsetzen können. Daher orientieren wir uns auch hier an den einzelnen Angaben dieser kurzen Jesusgeschichte.

Sie beginnt mit der Ortsangabe Jericho, und wir wissen, dass gerade Orts- und Menschennamen wie Zahlen bestimmte Qualitäten ausdrücken, die – in verschiedenen Nuancen eingebettet – uns wichtige Informationen vermitteln sollen. Jericho heißt »die Mondstadt« und der Mond symbolisiert immer die »linke Seite« der Welt und damit auch unser erdgebundenes Menschendasein. Auf der »Mondseite« des Lebens hält der Mensch eher nach irdischen und materiellen Reichtümern Ausschau und kennt die geistige, höhere Welt nicht. Die ersten beiden Textzeilen beschreiben eine Szenerie in unserer Seelenlandschaft, die folgendermaßen gedeutet werden kann: Ein Teil unseres Selbst ist der »linken Seite« zugetan, diese Seelenlage ist der Startpunkt für den nun in Bewegung kommenden Wandlungs- und Entwicklungsweg. Jericho als ein derartiger Transformationsbeginn ist vergleichbar mit der

Dunkelheit, die stets durchschritten werden muss, bevor die nächste Glück bringende Station des Lichts erreicht wird. Jeder von uns wird mit Blick auf das eigene Leben solche zum Teil mit Schmerz verbundenen Erfahrungen bestätigen können. Zu dieser recht allgemein beschriebenen Seelenbühne gehören zugleich einige Akteure. Dies wird durch die Aufzählung bekannter, aber auch nicht näher bestimmter Menschen deutlich. Es steht dort: Durch die »Mondstadt« Jericho zogen *Jesus, seine Jünger und eine beträchtliche Menschenmenge.* Bezogen auf unser Inneres finden wir einen Mix aus unsichtbaren geistig-seelischen Werten. Mit Jesus ist unserer innerer Christus gemeint, das Licht des Universums, das in allen von uns steckt und gesehen werden will. Jesus ist immer in uns, was wir daran erkennen, dass er sich auch in die »Mondstadt« begibt. Es ist an dieser Stelle interessant anzumerken, dass neben ihm nur noch der blinde Mann mit Namen genannt wird. Welche weiteren Akteure prägen das derzeitige Bühnenbild am Anfang der inneren Transformation? Es werden ganz allgemein seine Jünger genannt, die mit Jesus ziehen, sowie eine undefinierte Menschenmenge. Jünger sind Schüler, also welche, die lernen wollen. Aus meiner Sicht stehen sie hier für den Seelenanteil in uns, der schon etwas von dem unsagbar schönen und heilenden Christuslicht in uns Menschen weiß. Die Menschenmenge repräsentiert dagegen den noch überwiegenden anderen Teil in uns, der, tief im Unbewussten sitzend, eventuell schon etwas von einer Verbindung zum inneren Licht *ahnt* und auch dabei ist, Jericho zu verlassen, aber noch nichts von der immensen inneren Fülle *weiß*.

Jetzt betritt der blinde Bartimäus die Seelenbühne und bettelt. Der Blinde verbildlicht den momentanen und zentralen Teil in uns Menschen, wenn wir uns in einer derartigen Seelenlage befinden, wie sie Markus in dieser Geschichte symbolhaft erzählt. Dieser Teil unserer Seele bittet innigst um Hilfe, denn wir lesen, dass er bettelt und sogar schreit. Warum und worum bettelt er? Der »blinde« Seelenanteil sieht noch nicht das innere Licht, noch ist es dunkel in diesem Teil unserer inneren Welt. Aber wir sind seelisch bereit, das göttliche Licht in uns zu finden und zu erfahren! Auch wenn wir noch nicht in der Lage sind, es zu sehen, so wissen wir bereits mit Bestimmtheit um die Existenz unseres inneren Christus' und wollen auch Zugang zu ihm. Er sieht zwar nicht, aber *er hörte, Jesus aus Nazaret komme vorbei*. Diese Szene zeugt von einer großen Entschlossenheit, uns von der »linken Seite« zu verabschieden und die »rechte« zu betreten. Doch es geschieht zunächst etwas, was uns noch daran zu hindern scheint …

Die Menschenmenge, die unbekannten Leute – also der Seelenteil in unserem Unbewussten, der nichts von der übergroßen Fülle des Christuslichts kennt –, hindern Bartimäus an der Begegnung mit Jesus. *Sie fuhren ihn an, er solle den Mund halten!* In diesem Stück bedeutet diese Szene, dass eine innere Stimme laut und deutlich spricht: »Tu es nicht!« Wenn wir einmal mehr in uns entdecken wollen, zum Beispiel die innere Verbindung zu uns selbst zu finden und damit den inneren Weg zum wahren Glück zu gehen, hören wir zunächst immer Stimmen des Zweifels und des Nichtglaubens, die uns weismachen wollen: »Das ist doch Quatsch. So funktioniert das Leben nicht.« Unsere Ego- oder Schattenkräfte treten in Aktion, die wie Vorhänge das spirituelle Licht in uns verdecken und abdunkeln. Aber zu diesem Licht ist ein Teil unseres Selbst unterwegs, um die Schätze des Lebens zu finden und zu bergen. Für die meisten von uns bestehen diese Schätze aus Glück, Freude, geistigem Frieden, Weisheit, Freiheit, Erleuchtung und Sinnfindung sowie Wohlstand. Und mit Wohlstand meine ich nicht nur materiellen Wohlstand, sondern auch gesund zu sein, liebevolle Beziehungen und eine erfüllende Arbeit zu haben und sich spirituell weiterzuentwickeln. Ohne es jedoch zu wissen, stehen wir uns oft selbst im Weg, da noch unerlöste Strukturen in uns als Schatten wirken und wir somit gar nicht anders können. Wie oft geben wir dann unbewusst auf und bleiben auf dem Weg zu unserem Licht stehen! Und hier gibt uns die Markusgeschichte einen entscheidenden Hinweis: Obwohl Anteile unserer Psyche uns davon abhalten wollen, all die soeben aufgeführten schönen Aspekte in unser Leben einfließen zu lassen, ist unser Wunsch mittlerweile nicht nur erwacht, sondern bereits so groß, dass wir es erstmals geschafft haben, Verbindung zu unserem göttlichen Kern aufzunehmen. Denn in der Erzählung heißt es so schön: *Er rief aber um so lauter: »König Israels, hilf mir!« Da blieb Jesus stehen: »Holt ihn her!« Und sie holen ihn: »Steh auf! Du hast Glück! Er ruft dich!«* Diese Stelle ist so kostbar und so ermutigend. Wenn wir uns innerlich zur Verbindung mit der geistigen Welt entschieden haben und dies wirklich wollen, so werden wir auch erhört werden. »Glück haben« sagt uns, dass der »Bartimäus-Anteil« in uns es geschafft hat, sich mit unserem inneren Christus zu verbinden. Mit wenigen Worten wird uns nun in den folgenden Textzeilen der Geschichte nahegebracht, wie der eigentliche Ablauf unserer Transformation ausschaut, der Transformation zu einem mit Gott verbundenen Menschen. Dabei ist sehr schön die Qualität der >Drei< zu erkennen. Wie und woran? Nun, schauen wir uns diesen »Dreischritt« schrittweise an:

Bevor wir in uns die Verschmelzung mit dem Christuslicht erleben, müssen wir nämlich etwas tun. Dieses passiert zum Beispiel in der Kontemplation als Mittel zur Selbsterkenntnis. In der Erzählung heißt es: *Er ließ seinen Mantel liegen, sprang auf und ging zu Jesus.* Der Mantel steht hier als Symbol für den Panzer, unsere Schutzhülle, die wir uns im Laufe des Lebens angelegt haben, um uns vordergründig vor seelischem Schaden zu bewahren und uns auf einer bestimmten Ebene lebensfähig zu halten. Um das wahre Glück in uns selbst zu finden, müssen wir aber zunächst in einem Schritt der Selbsterkenntnis diesen Panzer entdecken und loswerden. Auch Bartimäus legt zuerst den Mantel ab. Mir gefällt ebenfalls die Interpretation sehr gut, dass ein jeder von uns zunächst sein Innerstes nach außen kehren muss – also nackt vor sich selbst dasteht –, bevor wir auf unserem Wandlungsweg den nächsten Schritt gehen können. Den soeben beschriebenen ersten Schritt nenne ich die <u>Wahrnehmung</u>. Es folgt jetzt auf die Wahrnehmung die <u>Entscheidung</u>, denn *Jesus fragte ihn: »Was willst du? Was soll ich für dich tun?«* Wir sind in regem Dialog mit unserem göttlichen Selbst, beispielsweise in meditativer Stille, und geraten innerlich in die Situation, uns entscheiden zu müssen. Will ich wirklich diesen Weg der Transformation gehen und mich auf die Verknüpfung mit der geistigen Welt einlassen? Oder soll ich zurückgehen und mir den »Mantel« wieder umlegen und »blind« bleiben? Wir wissen bereits, wie die Entscheidung lautet. *»Ich will sehen!«* Der »Bartimäus-Anteil« in unserer Seele wählt den sogenannten »rechten« Weg, auf dem unser gesamtes Leben, unser Fühlen und Handeln, mit der unsichtbaren geistigen Welt verbunden ist. Auf den zweiten folgt jetzt mit der <u>Konsequenz</u> der dritte Schritt. Die Konsequenz äußert sich in diesem Evangeliumtext dadurch, dass Jesus die Bitte erfüllte, der Blinde jetzt sah und sich Jesus anschloss. »Wahrnehmung – Entscheidung – Konsequenz« als ständiger Ausdruck in Form einer geistigen Qualität, die jeden unserer Schritte beeinflusst.

Unsere Transformation ist beendet, wir »sehen« und möchten die Möglichkeit, uns mit unserem inneren Licht und wahren Selbst zu verbinden, nie mehr vermissen! Wir müssen es jedoch stets aufs Neue angehen und durchführen. Diese Markusgeschichte enthält in aller Vollkommenheit ein wunderbares Beispiel für einen Entwicklungsprozess unserer Seele (wie dies auch für viele andere Geschichten gilt). Zum Abschluss der Interpretation möchte ich noch auf einen elementar wichtigen Satz eingehen, der eventuell zu Fragen verleitet. »*Geh! Dein Glaube war deine Rettung*«, sagte Jesus. Für mich drücken sich hier zwei Aspekte aus, die für die spirituelle Entwicklung von immenser Bedeutung sind. Zum einen ist es die Liebe zu uns selbst und zum anderen das unerschütterliche Wissen um die eigene Göttlichkeit, mit der wir mit allem verbunden sind.

Die Geschichte von »Jesus und dem Blinden« hat längst in Form vieler Wortzusammensetzungen Einzug in unsere Sprache gehalten. Es handelt sich dabei um Ausdrücke, die indirekt mit unserer inneren seelischen Dunkelheit sowie unserer Lichtseite zu tun haben. Ich habe hier einmal beispielhaft eine solche Sammlung von sprachlichen Ausdrücken zum Thema »Sehen, Erblicken & Blind sein« zusammengestellt, die stets etwas von unseren psychischen Befindlichkeiten widerspiegeln.

- etwas klar sehen
- das Naheliegende nicht sehen
- einsehen, Einsicht üben
- vorwärts schauen und nicht zurückblicken
- Innenschau
- Man sieht nur mit dem Herzen gut (Saint-Exupéry)
- blind sein vor Wut
- blind sein vor Eifersucht
- die Augen vor etwas verschließen
- das Licht der Welt erblicken

Das letzte Beispiel habe ich gewählt, weil es bei übergeordneter Betrachtungsweise viel mit dieser »inneren« Bibelgeschichte zu tun hat. Ich beziehe mich bei dem Ausdruck »das Licht der Welt erblicken« nicht nur auf die Geburt eines Menschen, sondern verstehe darunter vielmehr den Weg unserer inneren Wanderschaft im Laufe des gesamten Lebens auf Erden. In einem großen und schwer zu durchschauenden Zyklus bewegen sich die meisten von uns weg vom Licht, um dann wieder zu ihm zurückzufinden.

Als Baby sind wir alle vollends mit der Göttlichkeit in uns verbunden. Diese Geborgenheit geben wir jedoch schon im Kindesalter mehr und mehr auf, wir wachsen auf und werden selbstständig. Unsere Erfahrungen und vor allem die Ratio übernehmen das Steuer unseres Lebensschiffs. Wir entwickeln uns in das vielfältige Leben hinein, entfalten unsere Fähigkeiten und erleben unser Menschsein mit allen Sinnen, wir lernen und wachsen. Irgendwann, vielleicht auf dem Höhepunkt unserer Schaffenskraft, verlangt unsere Seele, dass wir langsamer werden und unsere Aufmerksamkeit vermehrt nach innen richten. Die geistigen und seelischen Kräfte möchten in unser Tun einbezogen werden. Wir besinnen uns vermehrt auf den Sinn des Lebens und gelangen somit auch wieder zu unserem göttlichen Kern, unserem eigenen Licht. Dort angekommen haben wir unsere spirituellen Bedürfnisse erfüllt und dürfen uns wieder mit der universellen, ewigen Kraft verbinden, aus der wir gekommen sind.

Sehend und nicht blind durch das Leben gehen, diese Botschaft schenkt uns die Geschichte »Jesus und der Blinde«. Und dann öffnen wir die Augen und erwachen nach einem Reifungs- und Transformationsweg mit einer neuen Persönlichkeit, die uns niemand mehr nehmen kann, auch wir selber nicht.

Ich wünsche allen Menschen viele »sehende und lichte« Momente und wundervolle Verschmelzungen mit dem eigenen inneren Licht, das immer brennt.

Jesus und die blutende Frau
oder
Warum diese Geschichte heute mehr denn je zu uns passt!

Mk 5, 25–34, so lautet das Kürzel dieser Evangeliumgeschichte. Sie spielt sich wie viele andere Jesusgeschichten auf dem oder wie hier direkt am See Genezareth statt. Der See – oder treffender gesagt das Wasser – ist stets eine Metapher für die Zeit, in der wir leben; es symbolisiert unseren Alltag und es enthält unsere Gefühle. Also nichts anderes als die ideale Umgebung, um uns auf eine weitere innere Prozessgeschichte einzulassen!

Welche? Nun, der Untertitel zu dieser Erzählung nimmt es in gewisser Hinsicht vorweg. Es scheint sich um etwas Aktuelles zu handeln und in der Tat: Wir sprechen in unserer Gesellschaft seit Jahren immer öfter vom »Burn-out-Syndrom«, welches mehr als nur ein Phänomen darstellt. Diese Krankheit breitet sich vor allem vermehrt in der modernen westlichen Welt aus; ihr Krankheitsbild besteht in der körperlichen und emotionalen Erschöpfung, dem ‚Ausgebranntsein', und ist in einem gewissen Stadium ohne fachkundige ärztliche Hilfe nicht mehr allein zu bewältigen. Was hat nun eine blutende Frau in einem Evangeliumtext mit beispielsweise einem ausgebrannten Manager oder einer total erschöpften Krankenschwester unserer Zeit zu tun? Dazu eine Geschichte …

Eines Tages traf ich einen Mann, der ebenso wie ich allein an einem dieser kleinen, dicht beieinanderstehenden Restauranttische saß. Uns beiden schien es zu schmecken, und wie von selbst begannen wir eine Unterhaltung, die nicht nur aus einem

Small Talk bestand, sondern recht bald vertrauliche Züge annahm. Er war genau wie ich geschäftlich unterwegs, und so sprachen wir natürlich auch über unsere Berufe und Arbeit. Er war ungefähr in meinem Alter und seit geraumer Zeit leitete er eine Abteilung mit mehreren Hundert Mitarbeitern in einem großen Industrieunternehmen. Nach seinen Worten tat er dies erfolgreich, er und seine Mannschaft leisteten einen wesentlichen Beitrag zum Gesamterfolg der Firma. Mein Gesprächspartner ging anscheinend in seinem Job und seiner Karriere auf, war voller Ideen und wollte noch viel erreichen. Umso mehr überraschte es mich, als er von folgender Begebenheit erzählte: »Ich hatte stets aufregende Ideen, war fleißig und vom Ehrgeiz angestachelt, es im Beruf einmal zu etwas zu bringen. Alles ging so weit gut, lief sozusagen nach Plan. Nach dem Studium bekam ich einen interessanten Job, und ich merkte schnell, wie wichtig mir meine Arbeit war. Kurze Zeit später gründete ich eine Familie, meine Frau und ich lieben uns auch heute sehr und unsere beiden Kinder sind unser Glück. Objektiv gesehen stimmte alles: Familie, Beruf und Karriere. Es gab allerdings irgendwann in den vergangenen Jahren einen Zeitpunkt – und das Verhängnisvolle war, dass ich es nicht merkte –, an dem etwas mit mir geschah und sich eine menschliche Katastrophe anbahnte. Oberflächlich gesehen war ich glücklich mit meinem Leben, aber beruflich schraubte ich die Anforderungen und Erwartungen an meine eigenen Leistungen immer höher. Ich konnte zunächst auch mit meinen Erfolgen zufrieden sein, ich wurde gefördert und erklomm die Karriereleiter. Mein Beruf wurde wirklich zum hauptsächlichen Lebensinhalt. Was ich nicht wahrnahm, war die Tatsache, dass ich mich zunehmend erschöpft fühlte, ja fast schon unter einer chronischen Müdigkeit litt, dass ich begann, Misserfolge zu verdrängen, und vor allem, dass ich mich verstärkt von meiner Familie und von unseren Freunden zurückzog. Von Alltagsproblemen wollte ich schon gar nichts wissen. Ohne es benennen zu können, litt ich bereits an einer Depression, die sich bis zu einer kompletten Verflachung meines emotionalen, mentalen und sozialen Lebens auswirkte. Ich merkte nicht, dass ich krank war.

Mittlerweile hatte sich meine Frau in ihrer Not einer neuen Nachbarin anvertraut, mit der sie inzwischen befreundet war. Sie ist Psychologin und arbeitete damals in einer Gemeinschaftspraxis. Ihr war recht schnell klar, was mit mir los war, und riet, dass ich einmal ihre Sprechstunde aufsuchen solle. Als ich davon erfuhr, geriet ich zunächst in Zorn, aber eine leise Stimme in meinem Herzen stimmte mich um. Heute weiß ich, dass dies die rettende Wende für mich und meine Familie war, bevor ich in das nächste Stadium mit ausgeprägten psychosomatischen Erkrankungen eingetreten wäre. Ich bin meiner Frau und unserer Freundin ewig dankbar. An die erste Sprechstunde kann ich mich noch gut erinnern. Bevor sie mir erklären wollte, dass ich *gebrannt* habe und nun völlig *ausgebrannt* bin und wie sie mir helfen könne, erzählte sie mir zunächst eine Geschichte, welche sie mir aus einem Buch von Jorge Bucay vorlas (aus »Komm, ich erzähl dir eine Geschichte«, Ammann Verlag). Sie hieß *Der beharrliche Holzfäller* und ließ mich stumm zuhören:

»Es war einmal ein Holzfäller, der bei einer Holzgesellschaft um Arbeit vorsprach. Das Gehalt war in Ordnung, die Arbeitsbedingungen verlockend, also wollte der Holzfäller einen guten Eindruck hinterlassen. Am ersten Tag meldete er sich beim Vorarbeiter, der ihm eine Axt gab und ihm einen bestimmten Bereich im Wald zuwies. Begeistert machte sich der Holzfäller an die Arbeit. An einem einzigen Tag fällte er achtzehn Bäume. ‚Herzlichen Glückwunsch', sagte der Vorarbeiter. ‚Weiter so.' Angestachelt von den Worten des Vorarbeiters beschloss der Holzfäller, am nächsten Tag das Ergebnis seiner Arbeit noch zu übertreffen. Also legte er sich in dieser Nacht früh zu Bett.

Am nächsten Morgen stand er vor allen anderen auf und ging in den Wald. Trotz aller Anstrengung gelang es ihm aber nicht, mehr als fünfzehn Bäume zu fällen. ‚Ich muss müde sein', dachte er. Und beschloss, an diesem Tag gleich nach Sonnenuntergang schlafen zu gehen. Im Morgengrauen erwachte er mit dem festen Entschluss, heute seine Marke von achtzehn Bäumen zu übertreffen. Er schaffte noch nicht einmal die Hälfte. Am nächsten Tag waren es nur sieben Bäume, und am übernächsten fünf, seinen letzten Tag verbrachte er fast vollständig damit, einen zweiten Baum zu fällen.

In Sorge darüber, was wohl der Vorarbeiter dazu sagen würde, trat der Holzfäller vor ihn hin, erzählte, was passiert war, und schwor Stein und Bein, dass er geschuftet hatte bis zum Umfallen. Der Vorarbeiter fragte ihn: ‚Wann hast du denn deine Axt das letzte Mal geschärft?' ‚Die Axt schärfen? Dazu hatte ich keine Zeit, ich war zu sehr damit beschäftigt, Bäume zu fällen.'«

Die Geschichte war schon längst zu Ende. Ich hing ihr noch in Gedanken nach, während ich weiterhin an meinem Tisch saß. Ich wendete mich wieder meinem Tischnachbarn zu und musste feststellen, dass ich allein war.

Schärfen wir unsere Axt, mit der wir durch das Leben gehen? Wie schärft man überhaupt am besten die Axt, mit deren Hilfe wir unser Leben bestreiten? Und wie drückt Markus diesen Sachverhalt mit seiner Geschichte »Mk. 5, 25–34« aus? Als ich die beiden Texte »Jesus und die blutende Frau« und »Der beharrliche Holzfäller« recht zeitnah las, kamen mir sofort diese Fragen in den Sinn. Bei einer Recherche zum Burn-out-Syndrom wurde auch schnell deutlich, dass es diesbezüglich inhaltliche Verknüpfungen zwischen der materiellen Welt gibt, in der wir leben, und der geistigen Welt, aus der wir stammen und die uns umgibt. Denn wissenschaftlich gesehen existieren neben persönlichen, sozialen und organisationspsychologischen auch anerkanntermaßen gesellschaftliche Ursachen für die Entstehung des Burn-outs. Danach fördert ein vollzogener Wertewandel in unserer Gesellschaft das »Ausbrennen«. Während der Einfluss des Glaubens an eine höhere Macht und des bewussten Umgangs mit der eigenen Spiritualität auf unser Miteinander nach und nach zurückgegangen ist, bestimmen heute mehr denn je individuelle Entscheidungen unsere sozialen Prägungen. Das Wissen um göttliche Fügungen in unser aller Leben landet oftmals auf Platz 2 hinter der Meinung, alles selber in der Hand zu haben und mit Ratio zu »managen«. Stille Unzufriedenheiten werden so gefördert und erleichtern die Entstehung des Ausgebranntseins. Begeben wir uns nun in die symbolreiche Jesusgeschichte dieses Kapitels, um weiteren inneren Umwandlungsprozessen nachzugehen.

>> *Da war auch eine Frau, die seit zwölf Jahren an Blutungen litt. Sie hatte unter den Händen vieler Ärzte viel gelitten und dabei ihr ganzes Vermögen ausgegeben, aber doch keine Heilung gefunden, sondern ihr Leiden verschlimmerte sich. Die hörte von Jesus reden und kam mit den vielen Menschen mitten im Gedränge zu ihm und berührte von hinten seinen Mantel, denn sie sagte sich: Wenn es mir gelingt, seinen Mantel zu berühren, bin ich gesund. Im selben Augenblick stockte ihre Blutung, und sie merkte, dass sie von ihrem Leiden geheilt war.*

Da aber empfand Jesus, dass jemand seine Macht in Anspruch genommen hatte, wandte sich in der Menge um und fragte: »Wer hat meine Kleider berührt?« Jesus aber sah sich weiter nach der um, die es getan hatte. Die fürchtete sich und zitterte, denn sie wusste, was ihr widerfahren war, kam, fiel vor ihm nieder und gestand, wie es alles zugegangen war. »Meine Tochter«, antwortete er, »dein Glaube hat dich gesund gemacht. Geh! Du wirst Frieden finden. Sei geheilt von deinem Leiden.« <<

Vielleicht etwas mysteriös, aber auf jeden Fall sehr bildreich wird hier der Prozessweg vom Leiden zum Frieden erzählt. Und gelitten wird reichlich! Allein die ersten beiden Sätze bringen die Empfindung des Leidens dreimal zum Ausdruck. Noch deutlicher kann man einen seelischen Zustand nicht hervorheben. Der erste Satz offenbart auch sofort, dass dieses Leiden in einem Verlust der Lebenskraft besteht, doch dazu später mehr.

Zunächst möchte ich einen wesentlichen Hinweis zum Auftritt von Frauen in biblischen Erzählungen geben. In der aktuellen Geschichte spielt neben Jesus eine Frau die Hauptrolle, deren Name nicht erwähnt wird. Sie verallgemeinert somit eine bestimmte Eigenschaft von uns selbst. Was will uns das Bild der Frau mitteilen? Die Frau steht unter anderem für die Qualitäten der ›Zwei‹ und der ›Vier‹, sie verkörpert den Teil in uns, der unsere Konditionierungen im Hinblick auf unser irdisches Dasein enthält. Im Kontext der aktuellen Jesusgeschichte steht die biblische Kraft der Frau auch dafür, die Dinge des Lebens »in den Griff zu bekommen«. Sie ist geprägt von einem planenden Vorwärtsdrängen, vom Nehmen und Herrschen, vom Intellekt, von der Realität und vom »sich Abgrenzen«. Kommen uns diese Umschreibungen nicht aus den weiter oben angeführten Gründen für die Entstehung eines Burn-outs bekannt vor? Wir werden dies im folgenden Teil noch vertiefen. Auf jeden Fall ist das Bild des Mannes und der Frau nicht geschlechtsspezifisch zu sehen, sondern als Platzhalter für tief in uns beheimatete Seelenqualitäten und Kräfte. In diesem Zusammenhang kann ich als vertiefende Lektüre das Buch »Mann und Frau in der Bibel« von Irmgard Heß bestens empfehlen.

Bevor wir uns inhaltlich um das Leid und das Leiden der Frau kümmern, ist es mir sehr wichtig, den ersten Satz »> *Da war auch eine Frau, die seit zwölf Jahren an Blutungen litt.* << genau unter die Lupe zu nehmen. Er zeigt uns schon so viel von unserem Selbst als Bestandteil des göttlichen Universums! Über das Bild der Frau haben wir gerade etwas erfahren. Warum litt sie zwölf Jahre an Blutungen und was ist überhaupt gemeint? Es ist schwer, sich vorzustellen, dass Markus in einem reinen Tatsachenbericht (»Außengeschichte«) ein gynäkologisches Problem als Aufhänger für eine Geschichte verwendet. Nein, dieser recht nüchterne Satz ist der Einstieg in eine faszinierende »Innengeschichte«, die mit uns allen zu tun hat. Der Teil in uns, der uns mehr und mehr über den Intellekt steuert – unsere Frauenkräfte –, verursacht ein Leiden, das hier durch *Blutungen* verbildlicht wird. Die anhaltenden Blutungen symbolisieren den permanenten Verlust unserer Lebenskräfte. Wir bluten aus, der Lebensfluss fehlt und wir leiden erbärmlich. Hier finden wir das Ausgebranntsein aus der Einleitung wieder; das Ausbluten ist gleichbedeutend mit dem Ausbrennen.

Als Mensch und beruflich als Naturwissenschaftler liebe ich es sehr, die »Einheit-in-allem-was-ist« zu finden. Aus diesem Grund beschäftige ich mich schon länger mit den Verknüpfungen zahlensymbolischer Aussagen in der Natur, vor allem im Reich der Chemie. Die nun folgenden Informationen möchte ich an dieser Stelle gerne einflechten, da sie die Botschaften der Geschichte »Jesus und die blutende Frau« hervorragend aus einem zusätzlichen Blickwinkel beleuchten. Das Blut, das unsere Adern kontinuierlich durchströmt und so Organe, Muskeln und alle Hautschichten mit dem Notwendigen versorgt, ist ja auf körperlicher Ebene essenziell für das menschliche und tierische Leben. Die Blutungen der Frau erzählen aber von einem anderen Verlust. Denn dieser wunderbare physiologische Vorgang des körperlichen Blutkreislaufs birgt auf geistig-seelischer Ebene ein symbolkräftiges Geheimnis. Im übertragenen Sinne steht »Blut« unter anderem für die Manifestation

Gottes, des Herrn (»Jahwe«), im menschlichen und tierischen Organismus. Wieso? Hämoglobin ist chemisch gesehen ein metallorganischer Komplex und als wesentlicher Bestandteil im Blut verantwortlich für die Sauerstoffübertragung. Diese lebensspendende chemische Verbindung trägt zusätzlich das verborgene Siegel göttlicher Schöpferkraft! Das Zentralatom im Häm ist nämlich Eisen, welches die Ordnungszahl 26 im »Periodensystem der chemischen Elemente« hat (diese Zahl gibt die Gesamtzahl der Elektronen und die Kernladungszahl eines Elements an). Zahlensymbolisch ist >26< jedoch die(!) göttliche Zahl, da sie die Summe der hebräischen Zahlen vertritt, die den Gottesnamen »Jahwe« bilden: Dieser Name wird יהוה (Jod-He-Waw-He) geschrieben und lautet in der Zahlenschreibweise >10-5-6-5<, >26< halt. Wir treffen einmal mehr auf die geballte Kraft der Zahlensymbolik! Hier tritt zutage, was im Verborgenen die Verbindung schafft. An dieser Stelle noch ein, ich möchte fast sagen, symbolträchtiges »Schmankerl«: Wenn wir in die Versangaben des Neuen Testaments schauen, stellen wir fest, dass Markus die Begebenheit mit der blutenden Frau in Vers 26 beschreibt. Mir zeigt dies wieder einmal: Zufälle sind rar im Leben.

Da jede Erwähnung, speziell die von Namen, Orten und Zahlen, eine verborgene und daher meist tiefere Bedeutung besitzt, möchte ich nicht verzichten, auf die *zwölf Jahre* des Leidens einzugehen. Diese zwölf Jahre werden nicht umsonst zu Beginn der Geschichte erwähnt. Die >12< ist die Zahl der kosmischen Ganzheit und ihre Qualität deutet bereits in der Zeit des stärksten Leidens Harmonie, Ordnung und Heilung an. Denn wer in der >12< ist, sagt man, ist heil und heilig. Wie so oft in biblischen Erzählungen gibt es schon zu Beginn der Geschichten Hinweise auf Trost und Heilung für unsere Seelenqualen. So auch hier.

Wer schon einmal selbst an einem Burn-out erkrankte oder

ähnliche Zustände erlebte oder im persönlichen Umfeld damit in Berührung kam, der weiß, dass eigene Kraft auf Basis des intellektuellen Willens allein nicht ausreicht, um wieder heil zu werden. Im Gegenteil, es fehlt vielmehr die Kraft, sich selber aus dem Sumpf zu ziehen, und man verzweifelt eher, als dass man einen Hoffnungsschimmer sieht. Im Außen unserer Welt finden wir keine Hilfe. Dies wird auch so treffend und ausführlich im Markusevangelium ausgesagt: >> *Sie hatte unter den Händen vieler Ärzte viel gelitten und dabei ihr ganzes Vermögen ausgegeben, aber doch keine Heilung gefunden, sondern ihr Leiden verschlimmerte sich.* << Es fehlt etwas Wesentliches in unserem Inneren, das wir für kein Geld der Welt erwerben können. Und die Leiden, die den in dieser Geschichte zum Ausdruck gebrachten inneren Prozessweg initiieren, können von keinem Arzt genommen werden. Diese hier geschilderte Befindlichkeit trifft wahrlich das »Abgeschnittensein« als Folge eines Burnouts recht genau und passt eindeutig zum »Frauenanteil« der menschlichen Seele.

Jetzt kommt Jesus ins Spiel. Denn wir lernen in der Evangeliumgeschichte, dass die Frau von ihm reden hörte. Für mich bedeutet dies in Bezug auf unsere Seelenlandschaft, dass wir eine leise Stimme in uns vernehmen, die wir zwar nicht gesucht haben, aber der wir beginnen, in unbewusster Weise – dieser Hinweis ist wichtig – zu lauschen. Es ist eine in unserem Herzen verborgene Stimme; dort, wo Gott seinen Anker in uns Menschen ausgeworfen hat und wo sich unser aller »Pool« seiner unendlichen Liebe und Lebenskraft befindet, aus dem wir schöpfen können. Aber es ist nicht nur von Jesus die Rede, denn die Frau >> *... kam mit den vielen Menschen mitten im Gedränge.* << Somit stecken wir mitten im prallen und dicht gedrängten Leben, wenn wir auf unseren inneren Christus treffen, was uns hier im Text die *vielen Menschen* symbolisieren.

Wenn wir in einem derartigen seelischen Gefüge eingebunden sind, leben wir total in der ausschließlich nach irdischen Gesetzmäßigkeiten vom Menschen gemachten äußeren Welt der materiellen, machthaberischen und -bezogenen Bedürfnisse, des trennenden und zwiespältigen Umgangs miteinander und der Idee, alles beherrschen oder in den Griff bekommen zu wollen und zu können. Das Schöne an dieser Erzählung ist jedoch wie so oft in allen Jesusgeschichten, dass wir unser Licht allzeit und überall in unserem gelebten Alltag finden können! Und das kommt jetzt.

Wir erfahren von einer etwas merkwürdig anmutenden »Kontaktaufnahme«: Die Frau kam mit den vielen Menschen zu Jesus und >> ... *berührte von hinten seinen Mantel.* << Nun ist es für das Textverständnis bezogen auf die Bedeutung für einen inneren Reifungsweg enorm wichtig zu wissen, was hier eigentlich mit »sich Jesus nähern« gemeint ist. Wie komme ich in Kontakt zu meiner Christuskraft, meinem inneren Licht und damit zur ewigen Verbindung mit Gott? Das Evangelium impliziert zwei Wege: Man kann sich seinem inneren Licht von »vorne« und »hinten« nähern; Letzteres wird hier beschrieben und die Geschichte über die blutende Frau will uns diesen Weg lehren. Die Situation der Frau können wir folgendermaßen auf unser Innen- und Außenleben übertragen. Sie könnte sich Jesus ja von vorne nähern, was wir vielleicht erwarten würden, aber sie »wählt« den anderen Weg. Im übertragenen Sinn deutet die Richtung »von vorne« das Auffinden der Christuskraft über den spirituellen Weg an. Quasi über die Erfahrungen der Seelenkräfte zum inneren Christuslicht. Aber dieses Annähern ist in dieser Geschichte nicht gemeint. Vielmehr bringt sie uns hier die andere Möglichkeit nahe. Die »Frauenkräfte« in unserem Seelengefüge sind nicht auf der Suche nach einer spirituellen Erfahrung, sondern diese geschieht einfach und ... plötzlich. Mitten in den Geschehnissen unseres äußeren Lebens, beispielsweise in der Familie, im beruflichen Alltag oder sonst wo im Tun in unserer Gesellschaft, machen wir eine neue und revolutionierende Erfahrung und Entdeckung. Wir lernen etwas im praktischen Miteinander kennen, das uns zu unserem eigenen Licht führt! Im Evangeliumtext von Markus wird es so schön geschildert: >> *Sie berührte von hinten den Mantel Jesu, im selben Augenblick stockte ihre Blutung und ... sie merkte, dass sie geheilt war.* << Die hier erwähnte Augenblicklichkeit drückt nach meinem Empfinden ein plötzliches Erwachen und Erkennen aus. Was ist in uns geschehen, die wir einen solchen Prozess durchleben oder bereits durchschritten haben?

Der zweite Teil der Bibelgeschichte, in dem Jesus nun aktiv wird, gibt Aufschluss darüber. Er fühlte nämlich im selben Augenblick, als die Frau seinen Mantel berührte, dass eine Kraft von ihm ausströmte. Im hiesigen Text heißt es: >> *Da aber empfand Jesus, dass jemand seine Macht in Anspruch genommen hatte.* << Die Gestalt Jesus als Mensch in der von Markus geschilderten »Außen«geschichte ist bezogen auf unsere »Innen«geschichte die eigene verankerte Gotteskraft, die wir auf beinah zauberhafte Weise wahrnehmen. Und so ist das Ausströmen einer Kraft von Jesus hier die symbolhafte Umschreibung einer inneren seelischen Wandlung mit neuen, folgenreichen Erfahrungen für uns. Hierzu ein kurzes Beispiel, mit dem wir auch einen eindeutigen Bezug zum Burnout schaffen, dem aus heutiger Zeit entlehnten Leitthema für diese Bibelerzählung: Viele von uns haben es nicht gelernt, im Leben auch einmal ein b e w u s s t e s NEIN auszusprechen und sich somit abzugrenzen. In unserem Alltag, sei es im Beruf, in der Familie, unter Freunden oder Nachbarn, geraten wir unter Umständen einmal mehr oder weniger, früher oder später in Situationen, die uns innerlich wehtun und sogar seelisch schaden können. Die Arbeitswelt bietet unter anderem eine bunte Spielwiese für solche Gelegenheiten. Wenn wir es beispielsweise noch nie geschafft haben, uns gegenüber unserem Vorgesetzten abzugrenzen, einmal zu sagen, bis hierhin und nicht weiter, uns noch nie getraut haben, auch einmal NEIN zu sagen, dann haben wir somit einen Nährboden für schädliche Auswirkungen in uns selbst angelegt. Das Berühren des Mantels ist dafür eine Metapher. Oder anders ausgedrückt: Wer stets zu allem Ja sagt in der Befürchtung, sonst nicht akzeptiert, gemocht oder geliebt zu sein, rennt vielleicht irgendwann ins Verderben und leidet lange wie die blutende Frau. In unserer realen Welt könnten es durchaus die Auswirkungen eines Burn-out-Leidens sein. Im Bibeltext erkennen wir diese Situation inklusive der Gefühle des Zweifels und der Angst an den Worten: >> *Die fürchtete sich und zitterte, denn sie wusste, was ihr widerfahren war.* << In einem solchen b e - w u s s t erlebten Alltagsgeschehen erfahren wir unsere innere Christuskraft und die Überwindung des seelischen Dilemmas ist gleichbedeutend mit unserer Heilung. Besonders schön und friedvoll finde ich die Erkenntnis, dass uns das eigene Licht nicht mehr »loslässt«, wenn wir es in uns gefunden, entdeckt haben. Denn Jesus fragte: >> *»Wer hat meine Kleider berührt?« Jesus aber sah sich weiter nach der um, die es getan hatte.* << Die Tatsache, dass die Frau zu ihm kam, vor ihm niederfiel und ihre Geschichte erzählte, lässt in mir das Bild der Verschmelzung von rechter und linker Seite des Lebens, von geistigem und irdischem Dasein entstehen. Und der Ausspruch Jesu am Ende der Geschichte lässt uns wahrhaftig die innere Gottesbegegnung erkennen, welche gleichwohl unsere »Berührung« mit dem eigenen, tiefen, inneren Frieden ist.

Dieses Evangelium gibt mir erneut aufschlussreiche Hinweise für meinen weiteren Lebens- und Entwicklungsweg mit dem Ziel, b e w u s s t das Miteinander mit anderen Menschen und Dingen sowie mit mir zu gestalten. Zuallererst soll stets die

Absicht vorherrschen, Vertrauen in das Leben zu entwickeln und der leisen Stimme des Herzens zu lauschen. Ich nehme Abstand davon, alles erzwingen und beherrschen zu wollen. Lieber entscheide ich mich dafür, die Dinge auch einmal ruhig und entspannt anzugehen und mir Pausen zu gönnen. Ja, ich entscheide mich bewusst dafür, dass zwischen Arbeit und Freizeit ein ausgewogenes Verhältnis besteht. Denn sich ausruhen oder auch einmal etwas anderes tun bedeutet »die Axt schärfen«. Das göttliche Universum kann uns auf diese Weise mit neuen Einsichten und Inspirationen versorgen. Diese Art zu leben ist mir mittlerweile zur zweiten Natur geworden. Und ein b e w u s s t e s NEIN gehört hin und wieder auch dazu!

Ich wünsche allen Menschen, dass sie es schaffen, sich entspannt und voller Freude dem Fluss des Lebens anzuvertrauen.

Die Brotvermehrung
oder
Eine gezielte Anleitung zum Glücklichsein

Die Geschichte – im Folgenden erzählt nach Johannes – von Jesus und der im wahrsten Sinne des Wortes »wundervollen« Brotvermehrung und Speisung einer großen Anzahl von Menschen gehört wohl zu den sehr bekannten Evangeliumerzählungen. Auch ich habe sie bisher viele Male in meinem Leben gehört, aber ich konnte sie nie so richtig glauben und verstehen. Heutzutage betrachte ich sie als Innengeschichte des Menschen und nun repräsentiert »Die Brotvermehrung« eine wahrhaftige Anleitung zur rechten Menschwerdung. Damit meine ich stets die Umsetzung des Prinzips der Glück bringenden Verbindung der unsichtbaren, geistigen mit der sichtbaren, irdischen Welt in unserem ganz normalen Leben. Denn eines ist für mich sicher: Das Wunder der Brotvermehrung hat nichts mit Zauberei oder Magie zu tun; Jesus war kein David Copperfield der Antike! Vielmehr dringen wir mit diesem biblischen Text wieder einmal tief zu unserem Wesen vor, wo wir dann wirklich Wunder und Wunderhaftes entdecken können.

Auch diese Jesusgeschichte spielt sich wieder einmal am See Genezareth ab. Dieser wird gleich zu Beginn als »Galiläisches Meer« und als der »See von Tiberias« erwähnt. Der symbolhaften Bedeutung von Wasser sind wir schon öfter begegnet, wir können das Geschehen daher gleich einordnen. Ich möchte hier jedoch auf etwas anderes hinaus. Wenn ich mich mit der Bibel beschäftige, fällt mir immer wieder auf, dass der erste Satz bereits oftmals einen versteckten Hinweis auf einen guten Ausgang der Geschichte, eine positive Wendung des Geschehens oder Befindens oder eine Trost spendende Erkenntnis gibt. So auch in der vorliegenden Erzählung. Der Hinweis steckt im Namen des »Sees von Tiberias«. Dieser enthält das Wort »tob« (טוב) (Teth-Waw-Beth), was »gut« bedeutet. Ist das nicht herrlich? Oder sollte ich vielleicht besser »wunderbar« sagen?

Schrittweise werden wir uns nun der »Anleitung zum Glücklichsein« nähern.

>> *Danach fuhr Jesus über das Galiläische Meer, den See von Tiberias, hinüber ans östliche Ufer. Eine große Menschenmenge eilte ihm nach, denn die Leute hatten die Wunder miterlebt, die er an den Kranken tat. Drüben stieg Jesus aufs Gebirge und hielt sich mit seinen Jüngern dort oben auf. Es war kurz vor dem Passah, dem Fest der Juden.* <<

Wir begeben uns zunächst in die Ausgangslage unserer eigenen seelischen Befindlichkeit, wie sie in dieser Geschichte zum Ausdruck kommen will. Wie so oft bei Erzählungen aller Art – nicht nur in der Bibel – beginnen sie mit einer Ortsangabe. Deren Symbolhaftigkeit kennen wir schon, wir müssen sie nur in die Situation unseres Inneren übersetzen. Ob wir uns gerade so fühlen, wie es hier aktuell beschrieben wird, spielt nicht die primäre Rolle. Vielmehr geht es darum, dass ein jeder von uns diesen Teil auf einer bestimmten Seelenebene in sich trägt. Über die Bedeutung des »Sees von Tiberias« und seinen positiven Ausblick für unseren inneren Entwicklungsweg haben wir bereits etwas erfahren.

Jetzt möchte ich mich einem ganz wesentlichen Aspekt widmen, der eng mit dem Untertitel der »gezielten Anleitung zum Glücklichsein« verknüpft ist, nämlich der Wegbeschreibung, wie sie uns weiter oben in der Jesusgeschichte nahegebracht wird. Jesus – und mit ihm eine große Menschenmenge – begab sich *hinüber ans östliche Ufer*. Achten wir auf die Bewegungs»richtung«. Der »Jesus«teil und der »Menschenmengen«teil in uns machen sich gen Osten auf. In der Bibel heißt »Richtung Osten ziehen« immer »sich vom Ursprung entfernen«. Wir können dies gleichsetzen mit der Entwicklungsgeschichte einer jeden Seele, die sich – aus der universellen Einheit stammend – in der Welt der Vielheit verliert, um irgendwann den »Rückweg« anzutreten. Aber wenn Jesus und die Menschenmenge »gen Osten ziehen« muss das nicht nur derart übergeordnet und recht theoretisch gesehen werden, sondern es erzählt auch von alltäglichen Lebenssituationen. »Sich vom Ursprung entfernen« möchte ich hier beispielsweise mit dem Bild übersetzen, sich im ganz normalen Leben ohne jegliche Verbindung zum eigenen Herzensgrund an den täglichen Dingen aufzureiben und im schlimmsten Fall dabei mehr und mehr zugrunde zu gehen. Der Ausdruck *große Menschenmenge* steht dabei für die Kräfte in einem jeden von uns, die in solchen Momenten oder Perioden des Lebens den »Jesus«teil schauen und sich mit ihm im tiefsten Inneren verbinden wollen. Die *Menschenmenge* können wir als den Bestandteil in uns verstehen, der auf der Suche nach dem tieferen Sinn des Lebens ist. Gut zu wissen, dass Jesus in uns ist und diesen Weg ans östliche Ufer mit uns geht; ja, er fährt sogar voraus! Was erzählt der Text nun weiter?

Nachdem wir uns innerlich von unserem seelischen Ruhepol entfernt haben (»nach Osten gezogen sind«), geht es nun – bildhaft gesprochen – ins Gebirge, in etwas Erhobenes. Wir können dies gut damit vergleichen, dass wir eine innere Stimme vernehmen – hier ausgedrückt durch Jesus und seine Jünger, die sich »dort oben« aufhalten –, welche uns auf etwas vorbereiten möchte. Ein Berg oder Gebirge wird im übertragenen Sinne oft als Umgebung für eine Offenbarung angesehen oder anders ausgedrückt: Nur wenn sich ein bestimmter Teil meines Selbst »oben« befindet, kann sich mir eine wichtige Erkenntnis oder ein neuer Entwicklungsschritt offenbaren. Ein jeder kennt so eine Situation. Uns geht es aus irgendeinem Grunde schlecht, wir hadern mit der momentanen Situation und sind beispielsweise verstimmt, weil wir es einem anderen Menschen recht machen wollen. Dabei fühlen wir uns unglücklich, denn wir verleugnen unser ICH, unser inneres Kind, ja wir haben in solchen Momenten die Verbindung zum Göttlichen in uns und in der Welt gekappt. Während wir weiter hadern und vielleicht schimpfen, spüren wir eventuell die Sehnsucht nach Auflösung, erreichen sie jedoch nie. Es muss erst etwas in uns auf einer geistigen Ebene geschehen, bevor eine Änderung erfolgen kann. Der Volksmund sagt so schön: »Mir musste zunächst ein Licht aufgehen.« Die Bibelgeschichte erzählt nun davon, dass unser »Jesus«- und »Jünger«-Anteil die Führung übernimmt und den verstrickten »Menschenmengen«-Anteil unseres Inneren in eine Umgebung führt, in der eine Änderung und Wandlung möglich wird. Erst wenn ich mich innerlich in die Lage versetze und mich gewissen geistigen Prinzipien und Kräften öffne, gelingt es mir, mich aus dem Strudel der inneren Zerrissenheit zu befreien. Das spiegelt uns das Gebirge am See Tiberias wider, der »oben« gelegene Seelenort für meine Offenbarung. Da kann mit mir etwas passieren, dort werde ich zur Wandlung bereit gemacht, wie uns der weitere Verlauf der Geschichte zeigen wird.

Was hat diese hier skizzierte Wegbeschreibung nun eigentlich mit dem Glücklichsein zu tun? Es gibt sicherlich keinen Wegweiser mit Regeln unseres irdischen Daseins, der uns auf sichere und einfache Weise glücklich werden lässt. Ein solcher vorgezeichneter Pfad, der irgendwo oder irgendwie abgerufen werden kann, existiert für keinen Menschen. Vielmehr sollten wir versuchen, uns das eigene Leben als Weg bewusst zu machen. Und unseren eigenen Weg schon als das Glück an sich zu begreifen. Ist das nicht ein großartiger Gedanke? Die

Einleitung der Brotvermehrungsgeschichte will ihn uns nahebringen. In jeder durch die Außenwelt dominierten Lebenslage müssen wir uns zunächst im geistigen Raum unserer Welt an einen »oben« gelegenen Seelenort begeben, um zu reflektieren (= »Jesus und seine Jünger in uns suchen«). Somit stellt die Wegbeschreibung am Anfang dieser biblischen Erzählung den ersten notwendigen Schritt in der Anleitung zum Glücklichsein dar.

Neben dieser wichtigen Identifizierung unserer Seelenlage mittels lokaler Angaben erzählt der Evangelist auch von der zeitlichen Einordnung des Geschehens, was ich hier nicht außer Acht lassen möchte: *Es war kurz vor dem Passah, dem Fest der Juden.* Nichts wird ja in biblischen Texten einfach »nur so« erwähnt; jede Angabe, jeder Hinweis ist ein bedeutungsvoller Knotenpunkt in einem multidimensionalen Netzwerk, welches uns stets das Wesen des Lebens und die Beziehung von Gott zu den Menschen – wie auch umgekehrt – bekunden will. So auch die Erwähnung des Passah-Festes. Die Juden feiern es zum Anlass des Auszuges aus Ägypten. Die Israeliten brachen unter Moses' Führung ins Gelobte Land Kanaan auf (s. dazu auch »Die Kundschafter – vierzig Jahre in der Wüste«). Die nähere zeitliche Angabe *kurz vor dem Passah* nimmt also Bezug auf einen anzutretenden Weg, den wir gehen müssen, und unterstreicht somit den Charakter der seelischen Entwicklung von der ›Zwei‹ zur ›Eins‹. Wie geht es nun weiter mit der Anleitung zum Glücklichsein?

>> *Als Jesus nun die vielen Menschen sah, die ihm zuströmten, wandte er sich an Philippus: »Woher nehmen wir so viel Brot, dass sie alle genug zu essen haben?« Das fragte er aber, um ihn auf die Probe zu stellen. Er selbst wusste wohl, was er tun würde. Philippus antwortete: »Brot für zweihundert Denare ist nicht genug für sie, auch wenn jeder nur wenig bekommt.« Ein anderer von seinen*

Jüngern, Andreas, der Bruder des Simon Petrus, fügte hinzu: »Es ist ein kleiner Junge hier, der fünf Gerstenbrote und zwei Fische bei sich hat. Aber was ist das für so viele?« Da sagte Jesus: »Sorgt dafür, dass die Leute sich lagern.« Es war an der Stelle viel Gras, wo sich etwa fünftausend Männer lagerten. <<

Unser tiefstes Inneres steht kurz vor einer Offenbarung, die Vorbereitungen auf seelischer Ebene laufen auf Hochtouren. Die Analyse unserer inneren »Beschaffenheit« wird dabei fortgeführt. Während im einleitenden Bibeltext die Beschreibung im Vordergrund steht, dominiert jetzt im weiteren Verlauf die Mitteilungsform des Gesprächs. Die Dialoge zwischen Jesus und einigen seiner Jünger stehen dabei für die allgegenwärtigen Dialoge, die wir vielleicht gerade in unserer momentanen Verfassung, jedoch schon ungezählte Male in der Vergangenheit im eigenen Inneren geführt haben. Sie handeln immer wieder von der nur leise zu vernehmenden Stimme der universellen Liebe von unserem Herzensgrund und den lauter klingenden Rufen der Egokräfte. Oder anders ausgedrückt: Wir werden jetzt Zeuge einer harmonischen Interaktion aller Elemente und Kräfte, die in uns wohnen und unser Wesen bestimmen. Die Worte Jesu und seiner Jünger Philippus und Andreas reflektieren einen Austausch zwischen verschiedenen inneren Seelenströmungen, die gleichzeitig existieren.

Rufen wir uns noch einmal den bisherigen Verlauf der Geschichte ins Gedächtnis: Innerlich sind wir losgelöst von der permanent existierenden Verbindung zum Überirdischen, zum Göttlichen. Zumindest ein wesentlicher Teil von uns. Ein anderer Anteil von uns selbst bereitet jedoch die notwendige Vereinigung vor, die uns Glück verheißt; unser innerer Christus nimmt uns auf diesem Weg an die Hand. Dieser Anteil in unserem Verborgenen weiß auch, dass die suchenden Seelenkräfte »Brot« brauchen. Und bei derartiger Nahrung geht es nicht um das leibliche Wohl, vielmehr sollen die Bedürfnisse der Seele gesättigt werden. Das für das Leben Essenzielle soll gefunden werden. Dazu müssen die Grundvoraussetzungen auf geistig-seelischer Ebene geschaffen werden, was einerseits nur auf dem Gebirge möglich ist und andererseits die zentrale Aussage des zweiten Erzählteils darstellt, den wir nun genauer anschauen.

Als Jesus nach der Möglichkeit fragt, wie die vielen Menschen zu nähren seien, wendet er sich zunächst an Philippus. Dieser Name kann mit »Pferdefreund« übersetzt werden. Und das Pferd ist wiederum eine Metapher für die vom Ego bestimmte Seite meines Seins. Ein kurzer Blick in mein Leben und auf die Erfahrungen mit anderen Menschen beweist mir sofort, wie präsent und oftmals auch stark die Ausprägungen des »Philippus«elementes sein können. Kennen wir denn nicht alle die aufkommenden Gefühle, wenn Neuerungen im Leben anstehen, die Mut und Enthusiasmus erfordern, wo wir innere Grenzen überwinden müssen, uns jedoch zuallererst scheinbar unüberwindbare Gedanken überfallen, die uns nur allzu plausibel darlegen, warum unser Vorhaben nicht gelingen kann und warum die Zukunft nicht derart gestaltbar sei? Oder die Situationen, in denen ich genau weiß, dass ich etwas aufgeben muss, um wahrhaft glücklich zu sein, wo ich beispielsweise im Herzen spüre, dass ein bestimmter Aspekt meiner Lebensweise oder -einstellung schädlich ist und geändert werden will, und dennoch starr an etwas klammere, was meine Sucht- und von außen gesteuerten Willenskräfte mir einhämmern? Das Leben schenkt uns viele solcher Situationen, die menschliches Wachstum erst ermöglichen. Philippus' Antwort unterstreicht recht deutlich diesen Seelencharakter: »*Brot für zweihundert Denare sind nicht genug für sie …*« Und die Zahl ›200‹ steht nicht zufällig dort. Als Ausdruck einer ›2‹er-Qualität spiegelt sie das Hin- und Hergerissensein zwischen irdisch-begrenzenden

Zwängen und geistig-grenzenloser Freiheit wider. Ein derartiger Zustand ermöglicht kein Glücklichsein.

Die »Philippus«stimme vermag uns nicht zum Glück zu führen. Es muss vielmehr ein weiteres und vor allem anderes Element in unserem Seelenbereich aktiv werden, um zusammen mit der Jesuskraft in uns eine Wende herbeizuführen. Dieser andere Aspekt ist Andreas, der übersetzt »der Männliche« heißt. Meines Erachtens sind mit »männlich« in diesem Kontext nicht äußerliche Attribute angesprochen, sondern geistig-seelische. »Männlich« im Sinne einer Andeutung auf den Teil in uns, der mit dem unsichtbar göttlichen Aspekt der Welt im Gegensatz zum sichtbaren irdischen verbunden ist (= »das Weibliche«). Ich sehe den Jünger Andreas hier als den männlichen Teil unserer Seele, der auf der »richtigen Spur« ist, aber den Weg noch nicht einordnen kann. Er besitzt noch eine gewisse Skepsis, indem er fragt: *»Aber was ist das für so viele?«* Allerdings beweist er Gespür für einen dienlichen Anhaltspunkt, er verweist nämlich auf einen kleinen Jungen. Für viele ist dieser Hinweis vielleicht nebensächlich, aber wir wissen mittlerweile um die Bedeutung einzelner Details in biblischen Erzählungen. Der »kleine Junge« ist nicht nur im Besitz der berühmten ›fünf‹ Brote und ›zwei‹ Fische, auf deren Kernbotschaft ich im Folgenden näher eingehen werde. Nein, die Erwähnung des kleinen Jungen vermittelt uns noch etwas anderes. Das Bild des kleinen Jungen, Bruders oder Hirten in der Bibel symbolisiert oft die unerwartete und fast unscheinbare Verkörperung eines Hinweises aus der geistigen Welt. Er kann aber auch eine Wendung einleiten, eine Erlösung andeuten oder wie hier die Offenbarung eines Geheimnisses darlegen, die »Anleitung zum Glücklichsein«. Ein prominenteres Beispiel für die Schicksalsgestalt des »kleinen Jungen« ist im Alten Testament zu finden. So war es bei der Auswahl und Berufung eines der größten Könige Israels der kleine Hirtenjunge David, der achte Sohn Isais.

Doch zurück zu unserem Text. Ist es nicht verwunderlich, dass die anfangs *große Menschenmenge* nun als *etwa fünftausend Männer* beziffert wird? Ich finde es immer wieder faszinierend, mit welcher Genauigkeit die tiefere Bedeutung der Texte mittels der Zahlensymbolik an die Oberfläche gehoben wird! Die Zahl >5000< steht nämlich in direktem Zusammenhang zu den soeben erwähnten >5< Broten und unterstreichen somit deren Botschaft. Des Weiteren wird hier auffälligerweise mit einem Mal von Männern erzählt, nicht von Frauen und Männern oder Menschen. Auch dies ist ein Hinweis auf unseren männlichen Seelenteil, der uns mit Gott verbindet. Der männliche Seelenteil tritt mehr und mehr mit dem »Jesus«teil in Kontakt und spiegelt einen gewissen Bewusstheitsgrad wider, den unsere Seele nun erlangt hat. Und Jesus gibt eine für jede innere Transformation wichtige Grundvoraussetzung preis: *»Sorgt dafür, dass die Leute sich lagern.«* Was ist mit »sich lagern« gemeint, und warum wird im weiteren Textverlauf erwähnt, dass dort viel Gras ist? Wenn wir diese Fragen beantworten, sind wir der »Anleitung zum Glücklichsein« dicht auf den Fersen; wenn wir der Aufforderung Jesu Folge leisten, machen wir uns selbst eines der größten Geschenke. Die notwendige Voraussetzung für den Schöpfungsakt eigener innerer Wandlungsprozesse ist die aktive Kontaktaufnahme oder Verbindung zu den Kräften der geistigen Welt. Allerdings benötige ich für dieses »Ausfahren meiner Antennen« etwas Besonderes, was in der hektischen Welt unserer Tage zum großen Teil verloren gegangen scheint: der bewusste Gang ins Innere, in die eigene Stille. Dort, wo alle Gedanken zur Ruhe kommen können, um irgendwann vielleicht den Zustand zu erreichen, in dem wir nur noch »sind«. Dabei spielt es zunächst nicht die größte Rolle, wie lange wir »uns lagern«, sondern mit welcher Qualität wir es schaffen, Stille zu erschaffen und zu erfahren. Sich jeden Tag einige Minuten Zeit nehmen und Stille üben, meditieren und die plappernden Gedanken ausschalten kann wahre Wunder wirken. Ich habe mir diese Lebensweise regelrecht angewöhnt und möchte nicht mehr darauf verzichten. Das merke ich besonders dann, wenn mir äußere Umstände oder Bedingungen die Zeit und den Raum dafür nehmen; mir fehlt regelrecht etwas. Das Neue Testament lehrt uns in Bezug auf das »Lagern« noch etwas sehr Schönes und Kostbares. In unserem Seelenraum lagern wir uns an einer Stelle, an der »viel Gras« ist. Was vermittelt uns diese Angabe? Gras wird im Hebräischen דשא (Daleth-Schin-Aleph) geschrieben und lautet in Zahlen übersetzt >4-300-1< mit einem Gesamtwert von >305<. Den gleichen Zahlenwert ergibt das Wort שה (Schin-He; >300-5<), was »Lamm« bedeutet. Die Worte »Lamm« und »Gras« sind also in ihrer Qualität miteinander verbunden. Das »Lamm Gottes«, unsere innere Christuskraft, und die Stille in uns, auf dem Grund unseres Herzens, bilden eine Einheit, die eine Quelle für die seelisch totale Erfüllung und das Glücklichsein ist. Wenn wir jetzt weiterlesen, werden wir Zugang zu der zweiten Quelle für das Glücklichsein erlangen.

>> *Und Jesus nahm die Brote, sprach das Dankgebet und verteilte sie an die große Tischgemeinschaft. Mit den Fischen tat er dasselbe und gab ihnen davon, so viel sie wollten. Als sie satt waren, wandte er sich wieder an seine Jünger: »Sammelt die übrig gebliebenen Brocken, damit nichts umkommt!« Die sammelten ein und füllten zwölf Körbe mit Brocken, die die Essenden von den fünf Gerstenbroten übrig gelassen hatten.* <<

Über die Verbindung von >1< und >4< zum wahren Menschen und die allgegenwärtige Existenz und Bedeutung der polaren >2<-Qualität in unserem Leben haben wir im Zusammenhang mit anderen Geschichten schon oft gelesen und vor allem in unseren eigenen Lebensgeschichten erfahren. Im Kontext dieser Evangeliumerzählung von Johannes will ich die ›fünf‹ Brote und ›zwei‹ Fische zur Speisung der Männer aus einem bestimmten Winkel beleuchten. Vor kurzer Zeit hörte ich von folgender Begebenheit aus dem Kreise meiner Mitmenschen: »Ich beschäftige mich nun schon fast mein halbes bisheriges Leben mit Spiritualität, Selbsterkenntnis, Glaube, Gott in meinem Leben, den Wundern der Natur und so weiter, aber es fehlte bis auf ganz wenige Male meistens etwas zum wahren Glücklichsein. Es brauchte wirklich recht lange, bis mir ‚ein Licht aufging'. Mein Leben brachte mich immer wieder in Situationen, in denen ich die ›Zwei‹ erlebte, und zwar in mir! Allerdings wollte ich nur eine Seite in mir sehen, die andere habe ich oftmals ignoriert. Bis mir mit einem Mal klar wurde, wie wichtig – ja gar elementar – es ist, mich als eine Medaille mit zwei permanenten Seiten zu sehen. Aber nicht nur das ‚Gute' und das ‚Böse' bei mir zu sehen, sondern vor allem zu akzeptieren und mich so zu lieben, wie ich bin. Diese Art der Selbstliebe und das gleichzeitige Leben als ›Fünf‹, also als ein Mensch im Hier und Jetzt, bewusst verbunden mit der unsichtbaren geistigen Welt, der als Schöpfer seiner selbst das Leben in die Hand nimmt (interessant: die Hand mit den fünf! Fingern als Symbol der ›Fünf‹!). Mit diesen Erkenntnissen erlebe ich mich viel freier. Ich lebe auf. Ich liebe mein Leben und weiß, das Leben liebt mich.« Als ich diese Worte vernahm, wusste ich, dass sie als Schlüssel zum Paradies in der »Brotvermehrungsgeschichte« zu finden sind. Ist das nicht wunderbar? Und Jesus macht uns etwas Wichtiges vor, indem er dankt. Wenn wir es schaffen, für alles im Leben zu danken, so schwer es mit Sicherheit oftmals fällt, setzen wir ungeahnte Energien frei und machen uns innerlich reich.

Zwei Textstellen möchte ich noch genauer betrachten. *Mit den Fischen tat er dasselbe und gab ihnen davon, so viel sie wollten.* Warum wird betont, dass die Männer so viel bekommen sollen,

wie sie wollen? Wenn wir daran denken, dass die Fische als
›zwei‹ Fische und damit als Vertreter der ›2‹ vorkommen,
wird einiges klarer. Ein jeder von uns soll so viele Polaritätserfahrungen machen, wie wir auf unserem Reifungsweg brauchen. Es ist so wichtig, diese Erkenntnis im Erleben und Gestalten unseres Alltags umzusetzen. Denn dann kommen wir
der universellen göttlichen Ordnung, der ›12‹, einen großen
Schritt näher (*Die sammelten ein und füllten zwölf Körbe mit
Brocken.*).

Derart betrachtet kann ich die »wundervolle Brotvermehrung« jetzt nicht nur glauben, sondern verstehen und mich
wiederfinden. Ist sie nicht tatsächlich eine »gezielte Anleitung
zum Glücklichsein«? Schauen wir uns noch den Schluss dieser
Wundergeschichte mit ihrer reichen Botschaft an.

>> *Als nun die Leute begriffen, was für ein Zeichen Jesus gegeben
hatte, sagten sie: »Das ist ganz gewiss der große Prophet, der in die
Welt kommen soll!« Als Jesus sah, dass sie kommen und sich seiner
bemächtigen wollten, um ihn zum König Israels auszurufen, wich
er aus und stieg noch höher ins Gebirge hinauf, er allein.* <<

Kaum haben wir Jesus in uns gefunden, stiehlt er sich davon! Endet diese Bibelgeschichte nicht traurig, ohne Happy
End? Haben wir nicht zu Beginn einen Hinweis auf etwas
Gutes bekommen, als wir uns die Bedeutung des »Sees von
Tiberias« klarmachten? An dieser Stelle möchte ich lediglich
meine ganz persönliche Einschätzung zu den gerade gelesenen
Zeilen abgeben. Wenn ein unerfüllter Seelenteil in mir genährt
werden will und ich es schaffe, auf einer geistigen Ebene »ins
Gebirge« zu kommen, habe ich die kostbare Gelegenheit, mich
und mein Leben als wahrer Mensch (›5‹) zu erfahren und zu
gestalten sowie die Gegensätze in mir und meinem Leben zu
entdecken und zu integrieren (›2‹). Dies alles gelingt mir nur,

wenn ich in die Stille und nach innen gehe. Nur dann finde ich dort meinen »Jesus«teil und kann mich mit ihm vereinigen … das wahre Glück! Allerdings ist es meine Erfahrung, dass ich eine derartige selige Begegnung und ein solches vollkommenes Glücklichsein nur augenblicklich und damit in begrenzter Weise erleben kann. Sicherlich viele unzählige Male, aber nie kann ich diesen Moment festhalten. Die Geschichte teilt uns mit, dass die Menschen sich seiner bemächtigen wollten, Jesus aber auswich und allein höher ins Gebirge hinaufstieg. »Tob = Gut« ist diese Art der Transformation für mich allemal!

Dass ein jeder das eigene Glück erschaffe: die Verbindung zum wahren Menschsein vollziehen und die Gegensätze in sich selbst vereinen *oder* den Brotweg bis zur ›Fünf‹ gehen und stets die ›Zwei‹ Fische lieben.

Der Mensch ist ein Acker
oder
Ein guter Schnitter muss dreien können

Ich habe hier eine weitere »Pol«geschichte aus den Gleichnissen des Matthäusevangeliums gewählt, die Jesus den Menschen erzählte. Sie ist wieder reich an Symbolen und verborgenen Zahlenqualitäten und bereichert dadurch unser eigenes Leben. Bevor wir uns der Geschichte über die Früchte des Ackers zuwenden, möchte ich folgende kurze Erzählung zur Einstimmung in die Thematik voranstellen:

Ein kleiner Junge war bei seinem Opa zu Besuch. Er suchte nach einer Beschäftigung, um sich die Zeit zu vertreiben. Da fiel ihm ein, dass sich sein Opa einen schönen Werkraum im Keller eingerichtet hatte. Dort ging er hin und seine Langeweile verflog schnell. Schon bald hatte er das eine oder andere interessante Stück in seinen Händen. Darunter war auch ein länglicher Stab aus Eisen, mit dem man anscheinend zaubern konnte. Näherte man sich mit der einen Seite einem Nagel, so wurde dieser schnell von dem Stab angezogen und klebte daran fest. Der Junge musste ein wenig Kraft aufbringen, um den Nagel wieder abzuziehen. Bald fand er etwas Interessantes heraus. Er drehte die eiserne Zauberstange um, richtete sie wieder auf den Nagel und … war verblüfft! Der Nagel auf der Werkbank tanzte in geringem Abstand vor der großen Metallstange her. Drehte er den Stabmagneten um, flog der Nagel sofort an dessen Ende und klebte wieder fest. Dieses Spiel faszinierte den Jungen, er wiederholte es viele Male und probierte es ebenso mit anderen Gegenständen aus. Da kam ihm folgende Idee: Es müsste doch möglich sein, die magische Eisenstange so zu manipulieren, dass sie zum Beispiel nur anziehend und nicht mehr abstoßend wirkt. Gesagt, getan, dachte sich der Junge und war stolz auf seine Idee. Er nahm Opas große Eisensäge und sägte unter großer Anstrengung den Stabmagneten genau in der Mitte entzwei. Er war sehr überrascht, als er feststellte, dass sich die Hälfte genauso verhielt wie vorher. Vielleicht habe ich etwas falsch gemacht, dachte er bei sich und wiederholte den Kraftakt mit der Säge. Aber es änderte sich nichts.

Die Geschichte über den kleinen Jungen wurde mir einmal während eines Seminars in einem ganz anderen Kontext vorgetragen. Sie scheint mir jedoch nicht zu Ende erzählt, irgendwie fehlt etwas, oder? Vielleicht die Quintessenz? Natürlich erkennen wir sofort, dass es im übertragenen Sinne um die beiden Pole im Leben geht. Der Junge nähert sich diesem Thema spielerisch und unternimmt dabei ein wichtiges Experiment. Sein Versuch, nur eine Seite zu erzeugen und zu bewahren, scheitert jedoch. Was und wie wir daraus für unser Leben lernen können, wird in der nun folgenden Evangeliumgeschichte symbolreich erzählt. Dabei ist der Mensch einem Acker gleich und einige andere Akteure spielen auf der Seelenbühne mit.

>> *Jesus erzählte ihnen folgende Geschichte: »Wie Gott in den Menschen wirkt, das seht an einem Gutsherrn, der reines Saatgut auf seinem Acker auswarf. Er hatte aber einen Feind, und als seine Leute schliefen, kam der, säte Tollkraut dazwischen und ging weg. Als nun die Frucht aufwuchs und sich die Ähre bildete, erschien auch das Tollkraut. Da kamen die Knechte des Bauern und fragten: ‚Herr, hast du für deinen Acker nicht reine Saat verwendet? Woher kommt denn das Tollkraut?' ‚Das hat der Mensch getan, der mir feindlich ist', antwortete er. Da fragten die Knechte: ‚Willst du, dass wir hingehen und es herausreißen?' Er erwiderte: ‚Nein! Ihr reißt den Weizen mit heraus. Lasst beides*

miteinander wachsen bis zur Ernte. Dann sollen die Schnitter das Tollkraut herauslesen, es bündeln und verbrennen, den Weizen aber in meine Scheuer einbringen.'« <<

Dies ist sicherlich keine Schilderung über antike Landwirtschaft. Im Titel steht, der Mensch sei ein Acker, und so werden wir diese Erzählung nach Matthäus auch betrachten. Acker heißt hier: wir, der Mensch, wie er als *göttliches Geschöpf* »funktioniert«. Und auf ihm (oder wie bei jeder Innengeschichte treffender: in ihm) machen sich Verschiedene zu schaffen: der Gutsherr, Knechte, der Feind und Schnitter. Wir werden uns allen zuwenden, wobei ich mich diesmal – vielleicht etwas ungewohnt – zuerst dem Schluss des Textes widme.

Bis zur Ernte soll erst einmal alles wachsen und reifen; erst dann gilt es, dass Weiteres passiert. Ernte hat etwas mit Voll»end«ung zu tun. Wenn die Zeit der Ernte gekommen ist, ist auch die Entwicklung der Pflanzen, ihr Wachstum abgeschlossen. Wachstum im übertragenen Sinne ist immer dazu da, dass sich am »Ende« eines Prozesses das »sich Finden« ereignen kann. Ernte heißt, dass zu dieser Zeit etwas Dienliches auf unserem Lebensacker entstanden ist, das als solches erkannt und geerntet werden will. Dem Wachstum des »wertvollen« Weizens und des »schädlichen« Tollkrauts wohnt die Bestimmung inne, dass die Pflanzen bei der Ernte von der Erde getrennt werden.

Hier kommen die Schnitter ins Spiel. Ein Schnitter oder ein »Erntender« ist der Teil unseres Seelengeflechts, der dann in uns in Aktion tritt, wenn »die Zeit reif ist«, wenn »es so weit ist«. Die Rolle des Schnitters ist sehr symbolträchtig. Die mit der unsichtbaren, nicht von dieser Welt seienden, göttlichen Kraft und Liebe verbundene Stimme, welche durch den *Gutsherrn* in dieser Erzählung repräsentiert wird, spricht ja zu uns: »*‚Lasst beides miteinander wachsen bis zur Ernte. Dann sollen die Schnitter* *das Tollkraut herauslesen, es bündeln und verbrennen, den Weizen aber in meine Scheuer einbringen.'«* Wenn wir den Weizen in die Scheuer fahren, ist das nichts anderes als das »Glück heimbringen«. Wir fahren die Lebens- oder Glücksernte ein. Dies ist nicht mit dem Lebensalter gekoppelt, es kann in jedem Augenblick unseres Lebens geschehen, und das viele ungezählte Male. Unser Lebensglück in die »Scheuer fahren« kann allerdings nur vonstattengehen, wenn wir gleichzeitig auch unser »Unkraut« des Lebens – das, was wir am liebsten gar nicht haben wollen – reifen lassen, bis die Schnitter kommen. Der Schnitter in uns weiß nämlich zu ernten: Wenn die Zeit reif ist, das heißt, wenn Prozesse in uns herangewachsen sind mit allen Auswüchsen, die sich in unserem äußeren Leben, unserem Alltag zeigen, dann gilt es, den Weg des >Dreiens< zu beschreiten. Mit dem Schnitter kommt die Qualität der >3< auf unsere Seelenbühne und übernimmt die Hauptrolle. Die Stimme aus unserem Herzensgrund sagt ja, die Schnitter sollen das Tollkraut <u>auslesen</u>, es <u>bündeln</u> und <u>verbrennen</u>. Wir erkennen hier sofort den für das Leben elementaren >Drei<schritt: erkennen (= auslesen), annehmen (= bündeln) und transformieren (= verbrennen). Von unserem Gutsherrn erfahren wir, dass das Tollkraut nicht vor der Zeit der Ernte herausgerissen werden soll, da sonst auch der Weizen verloren ginge. Hierin liegt für mich die Kernbotschaft der Geschichte. Die Kunst im Leben besteht darin, die eigene menschlich-seelische Entwicklung anzunehmen und ein erfolgreicher Schnitter zu sein! Unser »Lebens«*unkraut* muss genauso heranreifen wie unser »Lebens«*weizen*. Letzterer bedarf bei der Ernte keiner Nachbehandlung, das Unschöne muss jedoch über die Erfahrung der >Drei< in Herz und Seele integriert werden. Auf diesen Aspekt werde ich an anderer Stelle noch einmal eingehen.

Wie werden wir am Anfang der Erzählung auf die Kernbotschaft vorbereitet? Da erzählt Jesus uns von einem *Gutsherrn* und dessen *Feind*, die zur gleichen Zeit den Acker »bearbeiten«. Wir wissen bereits, dass der Acker eine Metapher für jeden Menschen darstellt. Beide Wesensanteile – der Gutsherr und sein Feind – säen nun etwas in uns aus, auf dass es in unserem Inneren wachse und gedeihe. Derartige Wesensanteile existieren in jedem von uns, und zwar gleichzeitig. Wie bereits angedeutet, steht der Gutsherr für die mit Gott und dem Licht meiner Seele verbundene Seite in mir; der Feind repräsentiert dagegen die große, dunkle Egomacht, die permanent die zarte, leise Lichtseite in mir überschatten will. Und diese Egokraft macht sich in der Nacht zu schaffen, um uns das zu bringen, was wir gar nicht haben wollen. Oder anders ausgedrückt: Es kommt zu uns, ohne dass wir einen bewussten Einfluss darauf ausüben können. Alles ist schon im Verborgenen da und gehört zu uns (= Acker), die gute Weizensaat wie das giftige Tollkraut. Der Weizen ist hier das Glück, die Freude, der Erfolg usw., was wir uns mit liebevoller Absicht von Herzen wünschen. Wir haben unseren Teil dafür getan und das Universum seinen, sodass Erfüllung und wahrhaft glücklich machende Geschenke spiritueller und materieller Art unser Leben bereichern.

Das Tollkraut auf unserem Lebens- und Menschenacker ist simpel gesprochen all das, was uns daran hindert, ununterbrochen nur das »Gute« zu ernten. Es kann viele Formen und Facetten annehmen. Dem einen werden bei einem Vorhaben Hindernisse in den Weg gelegt, die Ärger und Enttäuschung bereiten. Ein anderer spürt Hass und Groll gegenüber bestimmten Menschen, obwohl er liebend gerne mehr Freundschaft in sein Leben lassen möchte. Immer wieder keimt vielleicht auch Zweifel auf (um in der Sprache der Pflanzen zu bleiben!) und ein lang gehegter Wunsch geht dadurch (noch) nicht in Erfüllung. Lang ist die Liste des Tollkrauts, und es ist nicht nur als ungewolltes Unkraut anzusehen, es ist obendrein noch giftig. Diese Eigenschaft lässt sich leicht auf unser soziales Miteinander übertragen: Oft ist man der liebenswerte Mensch, doch dann und wann reagiert man auch giftig, man versprüht sein Gift. Wir sind dann »Weizen & Tollkraut« in einer Person!

Und das ist auch nicht zu ändern, womit wir beim Knecht und seiner Bestimmung in unserem Herzensinneren angelangt sind. Er symbolisiert die Kraft in uns, die nur auf einer – nämlich der glücklichen – Seite leben will. Sobald er das Schlechte erkennt, entwickelt er den Wunsch, es schnellstens loszuwerden. ‚*Willst du, dass wir hingehen und es herausreißen?*', fragen sie den Bauern. Wie oft haben wir uns schon dabei ertappt, dass wir bei Schwierigkeiten, schmerzhaften oder einfach nur unschönen Ereignissen alles tun, um es zu überschütten, zu umgehen, zu verdrängen, ohne dass wir uns »richtig« damit befasst haben. Wir werden hier stark an den kleinen Jungen aus meiner Eingangsgeschichte erinnert. Er ist ein Symbol für die »Knecht«energie in Jesu Gleichnis; auch er wollte nur eine Seite erzeugen. Unsere mit Gott verbundene »Gutsherren«energie weiß jedoch um die Dienlichkeit all dessen. Er kennt das Gesetz, dass das Gute nicht ohne das Schlechte werden kann, wie auch das Schlechte nicht ohne das Gute existiert. Wir können nicht nur das Gute und Schöne und Leichte annehmen. Viele gestalten ihr Leben vielleicht in dieser Art, um es zu erreichen, allerdings manövrieren sie sich mit dieser Lebensweise eher ins Unglück. Denn erst im bewussten Akzeptieren von Korn & Unkraut, Gut & Böse, Zusammenfinden & Trennung, Freude & Schmerz, Erfolg & Niederlage, Gewinn & Verlust, Licht & Schatten usw. liegt das Geheimnis des Erschaffens und des Reichtums aller Art. Und das ›Dreien‹ ist der Prozess.

Um Mensch zu werden, müssen wir halt Folgendes erkennen: In unserem Inneren wird immer etwas ausgesät. Wir, der

Acker, müssen bearbeitet werden (von uns selbst), in uns reift etwas und wir bringen dabei Nahrung für unser seelisches Wachstum hervor. Und geerntet wird, wenn <u>alle</u> Frucht <u>und</u> die Zeit reif sind. Am Wachstum unserer inneren Pflanzen ist dann nichts mehr zu verändern; die Ernte ist zu akzeptieren, egal, wie umfangreich oder karg sie ausfällt. Nun kommen die Schnitter in uns zum Einsatz. Sie sorgen dafür, dass im Zenit der Fülle geerntet wird und somit für unsere seelische Nahrung gesorgt ist.

Ich wünsche allen einen erfolgreichen Ackerbau und eine reiche Ernte.

Auf dem Golan
oder
Alles ist möglich – aber es ist noch kein Meister vom Himmel gefallen

Ja, das Unfassbare ins Leben hineinlassen und das Fassbare loslassen bedarf schon der Vorbereitung und Übung. Gelegenheiten zur Vorbereitung bietet uns permanent unser ganzes Leben, üben müssen wir jedoch dann schon selber. Die hier behandelte Jesusgeschichte findet wieder einmal auf dem See Genezareth statt und ist für mich eine treffliche und lehrreiche Metapher für das ständige Miteinander und Gegeneinander von Verstand und Seele. Diese beiden Aspekte gehören untrennbar zu uns, wie wir uns ja auch nicht ohne unseren Körper vorstellen können. Dennoch sind sie voneinander getrennt und bilden auf einer bestimmten Ebene Gegenpole.

Aus meiner Sicht enthält diese Erzählung einerseits einfache Bilder, andererseits behandelt sie ein so schwieriges Thema, das die meisten von uns so richtig »aufwühlt« und länger als ein Leben beschäftigt. Die Geschichte über Jesus verdeutlicht zum wiederholten Male, wie dienlich Bewusstseinswerdung und das »Zusammenbringen« für unsere spirituelle Entwicklung sind. Was soll nun »zusammengebracht« werden? Vielleicht das Fass- und Unfassbare? Das erzählt uns nun die folgende Markusgeschichte.

>> *Als es an jenem Tag Abend wurde, sagte er: »Auf! Wir fahren ans andere Ufer!« Sie entließen das Volk und fuhren mit dem Schiff, in dem er gerade saß, und in Begleitung anderer Schiffe auf den See hinaus. Da brach ein Wirbelsturm herein, und die Wellen schlugen ins Schiff, sodass es vollzulaufen drohte. Er selbst*

aber lag am Heck des Schiffes auf einem Kissen und schlief. Da weckten sie ihn und riefen: »*Meister, wir gehen unter! Kümmert dich das nicht?*« *Er stand auf, beschwor den Sturm und rief den See an:* »*Still! Kein Laut!*« *Da legte sich der Wind, und eine tiefe Stille breitete sich aus. Und er wandte sich an sie:* »*Warum seid ihr so verängstigt? Habt ihr keinen Glauben?*« *Da fragten sie einander starr vor Entsetzen:* »*Was für einer ist das, dass ihm der Wind und der See gehorchen?*« <<

Wieder eine Wundergeschichte! Oder? Auf den ersten Blick scheint es so, dass Jesus meteorologische Raffinessen angewendet hat, was ich allerdings eher nicht glaube. Wenn wir aber auch bei dieser Erzählung in gewohnter Weise zu einer inneren Reise aufbrechen, kommen wir bestimmt ins Staunen und wundern uns sehr. Wir wundern uns über uns selbst, die Erkenntnis und das Leben und können vielleicht das Großartige, das in dieser Geschichte auf uns wartet, gar nicht glauben, geschweige denn annehmen.

Das Stimmungsbild oder der seelische Ausgangspunkt unserer Reise wird gleich zu Beginn deutlich. Es wird Abend und der Abend sowie die kommende Nacht bedeuten zugleich Dunkelheit. Diese steht symbolhaft für das individuelle Leid eines jeden Menschen, das Chaos in unserem tiefen Inneren und den Schmerz, der auf so vielfältige Weise unsere Seele oder unseren Körper peinigt. Derartige Zustände weisen immer darauf hin, dass wir auf unbewusster Ebene von Gott und seiner kosmischen Liebe getrennt sind und wie Verbannte im Exil leben. Es handelt sich aber auch schlicht gesagt um Zustände, die einfach zum Leben dazugehören und deren Wert im Erkennen und Annehmen liegt, genauso, wie wir dies mit glücklichen Momenten tun (es geht halt immer um »die beiden Seiten«). Das gerade erwähnte Exil spiegelt sich ebenfalls im Titel der

Geschichte »Auf dem Golan«. Im Wortstamm »Gol« steckt das »Exil«, der »Verbannte«, denken wir nur an den Namen »Goliath« aus der Davidgeschichte. Abend und Nacht bringen jedoch auch eine andere Nuance ins Spiel, die ich hier gerne in den Vordergrund stellen möchte. Dabei beziehe ich mich auf Friedrich Weinreb, der mir mit seinen Werken neue Tore der Erkenntnis und des Wachstums geöffnet hat, indem er den unerschöpflichen Beziehungsreichtum der Bibel offenlegt und zugeschüttete Quellen des alten jüdischen Wissens wieder zum Fließen bringt. Nach Weinreb steht die Dunkelheit, die Nacht, für die unsichtbare Welt in uns selbst – er spricht von »Traumwelt« –, in der Dinge geschehen, in Gang gesetzt werden, die wir Menschen nicht mehr kausal erklären können. Wenn wir es schaffen, die »Traum«- oder »Nachtwelt« mit unserer »Tagwelt« des rein kausal gestalteten Lebens im Hier und Jetzt zur Einheit zu bringen, sind wir auf dem Weg in die wahre Freiheit und erleben uns als Mensch, wie wir wirklich sind.

Jesus gibt aber nicht nur den Zeitpunkt der Abfahrt vor, sondern auch das Ziel der Fahrt: »*Auf! Wir fahren ans andere Ufer!*« Was ist das »andere Ufer«? Wenn ich meine innere Stimme aus tiefem Herzensgrund zum Zeitpunkt der Dunkelheit zu mir sprechen höre, dann ist es eben dieser Jesus, der ruft: »Auf, Dietmar! Fahre mit ans andere Ufer!« Und er meint damit: »Brich auf in die Welt, nach der du dich sehnst – wenngleich oftmals bestimmt nur unbewusst –, in die Welt des unsichtbaren, geistigen Prinzips, welches die sichtbare Welt der Erscheinungen und Gesetze umgibt und durchdringt.« Diese Welt, das »andere Ufer«, ist der Nährboden unserer Lebensfrüchte, der Liebesquell für wahrhaft tiefen Frieden, der Ankerplatz bei jedem Schiffbruch im Leben, an dem wir wieder die notwendige Kraft tanken können. Grenzenlos und nach unseren Denkmaßstäben unvorstellbar! Aber nicht alle »Bewohner« meines ICHs machen sich auf den Weg, denn im Text heißt es: *Sie entließen das Volk* ... Nur ein bestimmter Teil in uns begibt sich auf diese Reise, eine Reise, die wir nicht unternehmen würden, wenn nur unser Verstand zu entscheiden hätte. Oder würden wir bei »klarem Verstand« abends!, d. h. in der Dunkelheit, über einen großen See ans andere Ufer fahren? Sofort würden viele Stimmen in uns rebellieren. Und genau diese inneren Stimmen sind es, die zuvor entlassen werden und nicht zusammen mit Jesus in Schiffen aufbrechen. Ein kleiner Teil in uns ist jedoch bereit, mit Jesus diesen Weg zu gehen, und diese Reise wird mit Schiffen durchgeführt (auf dem Wasser ist ein Schiff sicherlich das gängige Fortbewegungsmittel, aber wir müssen bedenken, dass wir uns hier nicht nur in einer Außen-, sondern vielmehr auch in einer Innengeschichte befinden). Ein Schiff ist in dieser Geschichte im übertragenden Sinne einerseits unser »Lebensschiff«, unser »Lebens«raum, die »Raum-Zeit«, wo sich unser Leben abspielt und gestaltet. Gleichzeitig stellt es ein Vehikel dar, das uns den Zugang ins Unvorstellbare, Akausale ermöglicht, was durch das »andere Ufer« verbildlicht wird. Bevor wir dort hingelangen, wird in der Evangeliumgeschichte noch von etwas Dramatischem erzählt. Auf anderer Ebene geschieht dort jedoch etwas Einfaches, was uns Menschen bei der Umsetzung in den eigenen Lebenskontext allerdings so schwerfällt. Und die folgende Szene enthält das Wunder.

Die Geschichte erzählt von einem Wirbelsturm, Wellen und drohender Gefahr. *Er selbst aber lag am Heck des Schiffes auf einem Kissen und schlief.* Wie können wir diesen anscheinenden Gegensatz auf unser Wesen übertragen, wie es übersetzen? Die gefährliche Situation können wir uns vielleicht noch recht einfach vorstellen. Passend zur »wässrigen Umgebung« kennen viele Menschen sicherlich Passagen im eigenen äußeren Leben, in denen ihnen das »Wasser bis zum Hals stand« oder sie regelrecht kurz vor dem »Absaufen« waren. Man spricht ja auch davon, »in Sorgen zu ertrinken«. Da hat man vielleicht die Arbeit verloren und weiß nicht weiter. Oder die Spirale der Arbeitslosigkeit führt weiter nach unten, wo jemand zusätzlich seine Familie verliert. Ein anderer Mensch hat vielleicht unglücklich an der Börse spekuliert und steht finanziell vor einem totalen Ruin, der ihm nun den Boden unter den Füßen wegzuziehen scheint. Oder jemand erlebt eine krankmachende Abhängigkeit nach der Trennung von einem Mann oder einer Frau. Derartige Lebenslagen lösen Hilfeschreie aus, es macht sich immer eine Machtlosigkeit breit, die bis zur Lebensangst und totalen Verzweiflung wachsen kann. Bezogen auf das Mensheninnere stehen der Sturm und die gefährlichen Wellen für bedrohliche Gedanken, wie zum Beispiel Existenzängste, die einen überfallen, wenn man allein ist, und die einen nicht mehr loslassen. Gedanken, die einen handlungsunfähig oder vielleicht auch apathisch werden lassen.

Allen genannten Schicksalssituationen ist die Tatsache gemein, dass wir weder mit Gewalt noch Verstand aus dem Dilemma herauskommen. Die Stimmen, die da in uns mit großer Verzweiflung rufen: »Mach was! Tu was!« oder »Da kann ich doch nicht tatenlos zusehen!«, haben uns selten weitergeholfen. Und da kommt das Einfache und Wunderbare dieses Markusevangeliums zum Tragen. *Er (Jesus) selbst aber lag am Heck des Schiffes auf einem Kissen und schlief.* Dieses ist für mich die Schlüsselszene und bildet die Grundvoraussetzung für eine Wende. Es kommt eine komplette Entspannung zum Ausdruck. Wenn wir es schaffen, diesen Platz oder besser gesagt Ruhepol in uns zu finden und uns damit zu verbinden, haben wir eine Chance auf Hilfe und Besserung. Alle »An«spannung braucht als Gegengewicht die »Ent«spannung. So kann (wieder einmal) ein Wunder Einzug in das Leben halten. Wir müssen es schaffen, die Christusstimme in uns zu vernehmen, die da ruft: »*Still! Kein Laut!*« Denn eines muss uns klar sein, wenn wir uns in Not befinden und uns laute Schreie der Verzweiflung paralysieren: Das »Getöse« in unserem Kopf muss aufhören (Gedanken der Panik, des Stresses, der Furcht, des »Unbedingt-erreichen-Wollens«), sodass die zweite Stufe der Verbindung angegangen werden kann. Denn nun können wir wieder den Dialog mit unserer Seele aufnehmen und versuchen, FRIEDEN zu erlangen. Eine derartige innere Einkehr müssen wir mit a b s o l u t e m VERTRAUEN in die göttliche Führung paaren, damit sie eine gute Wirkung erzielen kann. Das wird knallhart durch Jesu Fragen deutlich: *»Warum seid ihr so verängstigt? Habt ihr keinen Glauben?«* Darin liegt jedoch auch für die meisten von uns die Herausforderung. Ein absolutes Vertrauen in eine Macht zu entwickeln, die unseren irdischen Gesetzen und Methoden verschlossen bleibt! Unsere Seele möchte uns diese Entwicklung ermöglichen, und so ist das Leben mit einer – für uns scheinbar unaufhörlichen – Reihe von Ereignissen gepflastert, an denen wir üben und reifen können. Blicken wir dazu doch in unser eigenes Leben zurück. Agieren in der Verzweiflung, »verzweifelter Aktionismus«, hat da doch noch nie zur Erlösung geführt, oder? Stets waren es »schicksalhafte Fügungen«. Solche Fügungen traten bestimmt erst ein, wenn wir nichts mehr erzwingen wollten und losgelassen haben. Wenn wir <u>bewusst</u> unser Leben, unsere Not, unsere Freude und unseren Dank dem Universum in den Schoß legen, schaffen wir <u>Verbindung</u>. Derartige Vorgänge katalysieren förmlich den Prozess der Heilung, »unsere Seele darf mitmachen«. Wir werden jetzt und im Rückblick feststellen, dass, immer wenn wir uns so verhalten haben, Hilfe und Lösungen wie von Zauberhand auf uns zukamen. Es traten beispielsweise neue Menschen in unser Leben oder eine andere Arbeit war in Sicht oder wir haben einfach uns und das wahre Problem dahinter erkannt. All unsere Lebenserfahrungen können diese Reihe beliebig fortschreiben.

Die Männer, die mit Jesus über den See fahren, verbildlichen den Teil in uns, der sich Sorgen macht und nicht mehr weiterweiß, der aber trotzdem eine Ahnung von der Jesuskraft hat. Jesus verkörpert den leiseren, entfernteren Teil in uns, mit dem wir die Verbindung zur akausalen Welt halten können und mit dem wir aus der Quelle des puren Vertrauens schöpfen. Wenn wir so weit sind. Der letzte Satz dieser Geschichte verdeutlicht, dass wir es hier mit einer Seelenlage zu tun haben, bei der noch die Qualität des Lernenden überwiegt. *»Was für einer ist das, dass ihm der Wind und der See gehorchen?«* Die Männer begreifen noch nicht, dass *Es* macht und nicht der Mensch. Es ist auch nicht Jesus, der *es macht*, sondern eine übergeordnete geistige Macht *macht es*, auf die Jesus bedingungslos vertraut und sich eins mit ihr fühlt.

Eingangs stellte ich die Frage nach dem Zusammenbringen von Fassbarem und Unfassbarem. Nun, ich mag sie hier für mich und auf Basis dieser Bibelgeschichte so beantworten: Erst das Hin und Her von Ufer zu Ufer, von Abend und Morgen, von Nacht und Tag, das harmonische Zusammenspiel von Seele und Verstand in meinem Hier und Jetzt ermöglicht das Paradies in meinem Leben (danach sehnen wir uns alle!). So habe ich die Chance, zur Einheit von Verborgenem und Erscheinung, von Freiheit und Gesetz, von *Sein* (= *es* geschieht mir) und *Werden* (= ich muss es *tun*) zu gelangen. An dieser Stelle möchte ich auf den von mir gewählten Untertitel zu dieser Markuserzählung verweisen. All das hier ist möglich. Fassen wir den nötigen Mut … man kann jederzeit damit beginnen.

Tod und Auferstehung Jesu
oder
Wie die Ostergeschichte in mir stattfindet und was die Drei damit zu tun hat

In diesem Buch haben wir immer wieder erfahren, dass sich eine Bibelgeschichte auch in mir zutragen und entfalten kann. Wie kann aber nun die Ostergeschichte in mir stattfinden, die sich vor fast zweitausend Jahren abspielte und in der ein Mann wie Jesus Christus erst verurteilt und ans Kreuz geschlagen wurde und dann wieder von den Toten auferstanden war? Welche Rolle kann dabei eine Zahl spielen und warum ausgerechnet die Drei? Nun, ich werde hier die Erzählung des Evangelisten Markus als Vorlage nehmen. Unter den vielen möglichen Aspekten, wie sie zu verstehen ist und was sie uns mitteilen will, möchte ich einen herausgreifen und aus einem ganz bestimmten Blickwinkel beleuchten und erläutern, der mir sehr wichtig ist und eine große Rolle in meinem Leben spielt. Es ist dies die Deutung und Bedeutung des Leidensweges Jesu und seiner Auferstehung als eine innere Prozessgeschichte, die ganz tief in mir selbst abläuft. Ein wesentlicher Leitfaden ist mir beim Er»zählen« »meiner Todes- und Auferstehungsgeschichte« die Symbolik und Qualität der ›Drei‹.

Ein jeder kennt sie, die Erzählung aus den Evangelien, von Jesu Einzug nach Jerusalem, der Anklage und seiner Verurteilung, über seine letzten Stunden mit den Jüngern und mit Gott allein, von der Kreuzigung und der Verhöhnung, von seinem Sterben bis hin zu seiner Auferstehung aus dem Totenreich. Bis heute gehört ein bestimmter Passus dieser Christusgeschichte – bekannt als Abendmahl – zum integralen Bestandteil jedes christlichen Gottesdienstes. Und dies nicht nur als Ritual, sondern als ein wichtiges Element, um in uns selbst die Verbindung zur göttlichen Liebe immer wiederherzustellen. Der Evangelist Markus hat diesen Teil der Geschichte so erzählt: >> *Während des Essens nahm Jesus ein Brot, sprach das Segensgebet, brach das Brot und gab es seinen Jüngern mit den Worten:»Nehmt! Das bin ich.«Und er nahm den Becher, sprach das Segensgebet, reichte ihnen den Becher, und sie tranken alle daraus, während er sagte:»Das ist mein Blut, das Siegel für unsere Gemeinschaft mit dem nahen Gott. Es wird für viele vergossen. Ich sage euch: Ich werde von der Frucht des Weinstocks nicht mehr trinken bis an jenen Tag, an dem ich aufs Neue davon trinken werde im Reich Gottes.«* <<

So wie die Erzählung des Abendmahls ist jede biblische Geschichte – ob nun aus dem Alten oder Neuen Testament – reichlich mit Bildern und Symbolen gefüllt und damit mehr als nur ein reiner Tatsachenbericht. Nichts wird zufällig erwähnt, jeder Name und jede Zahl haben eine eigene, tiefere Bedeutung und bergen auf diese Weise wichtige Mitteilungen über ihr Wesen. Aus den zahlreichen Mitteilungen, Bildern und Symbolen der christlichen Ostergeschichte greife ich das Leben und Sterben sowie die Auferstehung als innere Prozessgeschichte heraus. Ich will aus meiner Sicht und mit meinen Worten erzählen, was diese Geschichte mir bedeutet und in mir bewirkt. Wie kann ich nun Leben, Tod und Auferstehung als einen seelisch-geistigen Prozess verstehen? Diese Frage möchte ich gerne kurz und bündig mit weiteren Fragen beantworten:»*Wie oft ist schon etwas in mir zerbrochen, und wie oft ist schon ein Teil von mir genommen worden, sodass ich stets glaubte, etwas in mir sei zerstört? Habe ich dann nie gemeint, vor dem Nichts, dem Aus zu stehen?*«Das große Mysterium der Welt ist sicherlich das eigene Leben, der eigene Tod und die Auferstehung der eigenen Seele. Aber in der Erlebniswelt des soeben genannten >Dreier<paares *Leben/Tod/Auferstehung* erfahre ich viele Tode, denen jeweils ein Stück Leben vorausging. Es sind dies Abschiede aller Art. Zum Beispiel verlässt ein geliebter Mensch mein Leben oder ein altgedienter Glaubenssatz zerplatzt wie eine Seifenblase und mein Schicksal rüttelt mich jetzt so richtig durch. Derartige Tode haben immer etwas damit zu tun, dass etwas in meinem Herzen zerbricht. Im Nachhinein habe ich oftmals festgestellt, dass nach solchen Erlebnissen etwas Neues oder anderes kam oder erst dann kommen konnte. Und stets bin ich dabei reifer geworden.

Dieser Prozessweg, der in mir stattfinden muss, aber seine Wirkung natürlich auch in meinem äußeren Leben zeigt, wird durch das Urvertrauen maßgeblich unterstützt. Damit ist das Vertrauen gemeint, das Jesus Gott dem Herrn entgegenbrachte, indem er sagte: »*Vater, mein Vater! Alles liegt in deiner Macht. Lass diesen Kelch an mir vorübergehen! Aber nicht, wie ich will, sondern wie du willst!*« Und dies tat er in der schwersten Stunde seines Lebens! Wie schwer ist es oft für mich in weitaus weniger bedrohlichen Situationen, derart loszulassen und bodenlos zu vertrauen! Gelingt mir dies jedoch, so hat Vertrauen hier eine Doppelrolle inne: Wenn ich beispielsweise den Weg des Abschiednehmens in meinem Herzen bis hin zur totalen Leere bewusst und im Vertrauen gehe, wird mein Herz wieder gefüllt und für meinen weiteren Lebensweg habe ich eine zusätzliche Portion Vertrauen gewonnen. Was aber heißt ‚mein Herz wird gefüllt'? Hier geschieht für mich das Wunderbare: Auferstehung vollzieht sich in mir, was so viel besagt, dass ich eins bin und mich eins fühle mit meinem göttlichen Selbst. Ich erkenne die Fülle in mir. Bildhaft gesehen steht Jesus Christus in mir auf und ich bin in all meinem Denken, Handeln und Fühlen eins mit der unendlichen Liebe Gottes. Wenn auch vielleicht nur für die Dauer eines Augenblicks. Diese innere menschliche

Auferstehung heißt ins Glück gehen, in die Liebe, in den Frieden, in die Fülle. Jetzt hat das Johanneswort (10,10) »*Ihr sollt das Leben haben und ihr sollt es in Fülle haben*« eine ganz andere Qualität für mich, denn alles fängt mit mir an. Der hier im Mittelpunkt stehende Dreischritt von Leben, Tod und Auferstehung basiert auf dem allgegenwärtigen Prinzip der >Drei<, welche als geistige Qualität das Wesen der Dinge und Geschehnisse zum Ausdruck bringt. Sie ist erfahrbar, aber nicht greifbar. Dabei setzt sich der >Drei<schritt unseres Lebens immer aus Wahrnehmung, Entscheidung und Konsequenz zusammen. Oder anders ausgedrückt steht diese Zahlenqualität als fundamentales Gesetz für Aktion und Reaktion, Ursache und Wirkung, Saat und Ernte. Kürzlich las ich ein Gebet von Franz von Assisi, das gut zu diesem Prinzip und zu meinem Schwerpunktthema passt. Dort heißt es so schön am Schluss: »*Denn wer sich hingibt, der empfängt; wer sich selbst vergisst, der findet; wer verzeiht, dem wird verziehen; und wer stirbt, der erwacht zum ewigen Leben.*« Schöne, erfüllende und erlösende Worte. Wie macht sich denn nun die >Drei< in meinem Leben bemerkbar? Ich erfahre sie immer als Erlösungsschritt, so wie die Auferstehung oder Neugeburt immer die Polaritäten Leben und Tod aufhebt. Es geht immer darum, dass die beiden Pole in mir verbunden werden, indem ich innerlich einen Schritt zurücktrete oder aus der »Helikopter«sicht ganz bewusst mit meinem inneren Licht die Pole überbrücke. Aus dem »Entweder-oder« wird zum Beispiel das »Sowohl-als-auch«. Ich muss mich in eine Lage des Erkennens, Akzeptierens und Loslassens bringen (wieder ein >Drei<schritt!). Dabei sehe ich in diesem Moment die Dinge mit anderen Augen. Es ist wichtig zu wissen, dass die >Drei< auf einer anderen Ebene abläuft und nie zwischen den beiden Polen steht. Mit diesem Wissen um die Qualität der >Drei< kann ich beispielsweise durch bewussten Umgang mit meinen Polaritäten ‚*Unsicherheit*' und ‚*Stärke*' zur

>Drei< des ‚Vertrauens' gelangen. Ich habe schon oft Situationen erlebt, in denen das Gefühl großer Unsicherheit in mir emporkroch. Da meldeten sich Stimmen in mir wie: ‚*Schaffe ich das wirklich, habe ich mir nicht zu viel vorgenommen?*' – ‚*Bin ich das wahrhaftig wert?*' – ‚*Noch ist nicht aller Tage Abend!*' und so weiter. Gleichzeitig dachte ich aber auch an den Gegenpol und somit über meine Stärken nach, auf die ich mich bisher immer verlassen konnte. ‚*Du hast das doch schon so oft bewiesen!*' – ‚*In entscheidenden Momenten habe ich genügend Kraft.*' – ‚*Ich weiß, ich bin von Gott geliebt!*', um ein paar Beispiele zu nennen.

Bei einem derartigen – im übertragenen Sinne – »Tauziehen« von Leben und Tod war es nun entscheidend, ob ich mich damit verausgabte oder in der Lage war, in mir selbst eine andere Ebene zu finden und anzusprechen (sie existiert immer in mir!). Oder anders ausgedrückt: Es reichte nicht, mein Inneres mit dem gegensätzlichen Gefühlsleben zu erkennen. Jetzt brauchte ich eine andere Energie aus meinem Herzen, die mich erlöste und damit in meiner inneren und äußeren Welt unterstützte. Immer wenn es mir in solchen Lebenslagen gelang, mir diese »beiden Dietmars« mit Bewusstheit anzuschauen und Vertrauen zu entwickeln, geschah mitunter etwas Wunderbares und neue Möglichkeiten taten sich auf.

Lesen wir die Leidensgeschichte Jesu unter dem hier beschriebenen Aspekt, so werden wir auch unweigerlich auf viele Zeichen der >Drei< stoßen, die den >Drei<schritt von Jesus Christus markieren. Er ging vom Leben in den Tod und war auferstanden.

Schauen wir nun, wie die biblische Geschichte die letzten Stunden von Jesu Menschenleben erzählt und wie seine Kreuzigung und sein Tod in Worte gefasst wurden: >> *Und sie führten ihn hinaus zur Hinrichtung. Auf dem Weg trafen sie einen Mann aus Zyrene, der eben vom Feld kam, Simon, den Vater des Alexander und des Rufus. Den zwangen sie, den Kreuzbalken für Jesus zu tragen. Schließlich brachten sie ihn ans Ziel: einen Platz, der Golgota hieß, »Schädelstätte«. Dort gaben sie ihm Myrrhe in Wein zu trinken, um ihn ein wenig zu betäuben, aber er nahm es nicht an. Sie kreuzigten ihn und teilten seine Kleider unter sich, indem sie durch das Los bestimmten, welches Stück wem zufallen solle. Neun Uhr am Vormittag war es, als sie ihn kreuzigten. Am Kreuz befestigten sie eine Tafel, auf der der Grund seiner Hinrichtung zu lesen war: »Der König der Juden«. Mit ihm zugleich kreuzigten sie zwei Räuber, einen rechts von ihm, den anderen links. Währenddessen gingen die Spaziergänger vorbei, verspotteten ihn, schüttelten die Köpfe und riefen: »Ha! Du wolltest doch den Tempel abreißen und ihn in drei Tagen wieder aufbauen! Hilf dir nun selber und steige vom Kreuz!« Auch die Priester verlachten ihn und sagten – und die Schriftgelehrten sagten dasselbe: »Anderen hat er geholfen, sich selbst kann er nicht retten! Dieser Christus, dieser König Israels soll doch vom Kreuz herabsteigen. Wenn wir das sehen, wollen wir ihm glauben!« Mit dem gleichen Spott beschimpften ihn auch die beiden, die mit ihm gekreuzigt waren.*

Von der Mittagszeit an lag drei Stunden lang eine Finsternis über dem Land. Um die dritte Stunde nach Mittag schrie Jesus laut: »Eloi, Eloi, lema sabachtani!« Das hieß: Mein Gott, mein Gott, warum hast du mich verlassen! Einige von den Umstehenden, die das hörten, meinten: »Er ruft den Elija!« Da kam einer gelaufen, füllte einen Schwamm mit Essig, steckte ihn auf einen Rohrstock und gab ihm den zu trinken mit den Worten: »Wir wollen doch sehen, ob Elija kommt und ihn herabnimmt!« Aber Jesus schrie noch einmal laut und verschied.

Da zerriss der Vorhang im Tempel von oben bis unten in zwei Teile. Der Hauptmann aber, der Jesus gegenüberstand und sah, dass er so starb, rief: »Es ist wahr! Der war Gottes Sohn!« Es waren auch Frauen dabei, die von ferne alles mit ansahen: Maria aus

Magdala, Maria, die Mutter von Jakobus dem Kleinen und von Joses, und Salome, die schon in Galiläa mit ihm gezogen war und ihn versorgt hatte. Aber auch viele andere Frauen standen da, die mit ihm nach Jerusalem gekommen waren. ‹‹

Gleich sechsmal erscheint in diesem Text die Zahl ›Drei‹ in der einen oder anderen Form und damit auch ihre symbolhafte Qualität. Sie deutet somit den Erlösungsweg oder die Neugeburt schon an. 1) Ein Mann namens Simon hilft Jesus das Kreuz tragen und seine beiden Söhne Alexander und Rufus werden erwähnt. 2) Es wurden drei Menschen gekreuzigt, Jesus und zwei Räuber, einer links und einer rechts von ihm. Die rechte und die linke Seite unseres Lebens werden durch Jesus »überbrückt«. Auf Bildern und Gemälden finden wir oft die Qualität der ›Drei‹ so dargestellt, dass der gekreuzigte Christus immer in der Mitte, aber nie auf gleicher Linie mit den anderen beiden Gekreuzigten zu sehen ist. Es entsteht ein ›Drei‹eck und eine neue Perspektive wird eingeführt. 3) Über Jesus wird gespottet, und er wird zitiert, dass er *doch den Tempel abreißen und ihn in drei Tagen wieder aufbauen wolle!* 4) Jesus wird am Kreuz verhöhnt, und es werden explizit drei Gruppen aufgezählt, die vorbeikommen und ihn verspotten: Spaziergänger, Priester und Schriftgelehrte. 5) Es lag genau *drei Stunden lang eine Finsternis über dem Land,* bevor Jesus starb. Und 6) Es werden drei Frauen mit Namen genannt unter den vielen anderen Frauen, die auch da standen. An dieser Stelle möchte ich gerne darauf hinweisen, warum die bestimmten und unbestimmten Frauen so ausführlich erwähnt werden. Frauen stehen als Bild immer für die linke, die irdische Seite unseres Lebens, während der Mann die rechte, die geistige Welt in uns symbolisiert. Jesus Christus lässt ja durch seinen Tod das <u>irdische</u> Leben hinter sich, daher noch einmal diese deutliche Beschreibung der Szenerie mit den Frauen. Wir sehen gleich im Fortgang der Geschichte, dass die Frauen, die irdische Seite in uns, den zum Vater gegangenen Jesus nicht mehr sehen können, denn das Grab ist leer! Bevor wir jedoch lesen, wie die Jesusgeschichte weitergeht, möchte ich noch auf eine zahlensymbolische Besonderheit eingehen. Die Geschichte erwähnt ausdrücklich, dass *es neun Uhr am Vormittag war, als sie ihn kreuzigten*. Wieso gerade neun Uhr, und warum ist diese Zeitangabe denn so wichtig, dass sie im Evangelium erwähnt ist? Nun, hier verhält es sich wie mit der >Drei<, denn auch die Qualität der >Neun< enthält symbolhaft eine Botschaft. >Neun< ist stets der Ausdruck für etwas Neues. Somit deutet sich mit der Kreuzigung Jesu schon etwas Neues an, was in seiner Auferstehung zum ewigen Leben zum Abschluss kommen wird. Jetzt, um neun Uhr, steht Jesus bei seiner Kreuzigung tatsächlich am Übergang vom einen in das andere Leben. Hier und jetzt beginnt wirklich sein Gang vom Leben zum Tod. Es ist, als ob er auf einer Brücke steht, die sein Erdendasein mit dem ewigen Leben und Licht verbindet. Unsere irdische Welt verlassend und schon die neuen Sphären von Gottes unsichtbarer Welt erblickend. Dafür steht hier die >Neun<.

Schreiten wir nun weiter auf dem Pfad der Evangeliumgeschichte, so gelangen wir an die Stelle, wo wir von der Auferstehung Jesu erfahren. Sie beginnt gleich mit der >Drei<, mit *Maria aus Magdala, Maria, der Mutter des Jakobus, und Salome:*
>> Als der Sabbat vorüber war, kauften Maria aus Magdala, Maria, die Mutter des Jakobus, und Salome Salben, um den Leib Jesu zu balsamieren. In der Morgenfrühe des ersten Tages der Woche kamen sie zum Grab, als eben die Sonne aufging, und fragten sich bange: »Wer wird uns den Stein vom Eingang des Grabes wegwälzen?« Da blickten sie auf und sahen, dass der riesige Stein weggewälzt war. Sie gingen in das Grab und sahen dort die Gestalt eines jungen Mannes in weißem Gewande an der rechen Seite

sitzen und erschraken bis ins Herz. Sie hörten ihn sagen: »*Habt keine Angst! Ihr sucht Jesus von Nazaret, den Gekreuzigten? Er ist auferstanden, er ist nicht hier! Seht her: Das ist der Platz, an den man ihn gelegt hat! Geht zurück und sagt seinen Jüngern und Petrus, er werde euch voraus nach Galiläa gehen. Dort werdet ihr ihn sehen, wie er euch gesagt hat.*« *Da stürzten die Frauen aus dem Grab und flohen, denn Angst und Grauen hatten sie erfasst. Sie sagten aber niemandem etwas, denn sie fürchteten sich.*

Christus aber, der in der Frühe am ersten Tag der Woche auferstanden war, erschien zuerst der Maria aus Magdala, die er von einem siebenfachen Leiden geheilt hatte. <<

Es ist interessant, gleich zweimal in diesem Abschnitt zu erfahren, dass Jesus *in der Morgenfrühe des ersten Tages der Woche* auferstanden war. Mit dem Anbruch des Tages ist die Phase der Dunkelheit und des Getrenntseins von Gott nun vorbei und Jesus ist zur göttlichen Einheit zurückgekehrt. Diese göttliche Einheit wird uns immer durch die zahlensymbolische Nennung der >Eins< angezeigt. Jetzt ist auch das »Neue« erreicht, das uns vorher schon durch die >Neun< angekündigt wurde.

Gibt es noch weitere Hinweise in der Ostergeschichte, die auf die Qualität der >Drei< und damit auf den Erlösungsweg hinweisen? Um diese Frage eindeutig zu klären, gehen wir zurück zum gerade beendeten Abendmahl mit den Jüngern und folgen der Erzählung: >> *Als sie den Lobgesang gesungen hatten, gingen sie an den Ölberg hinaus. Auf dem Weg fuhr Jesus fort, zu ihnen zu sprechen:* »*Alle werdet ihr an mir irrewerden! In der Schrift steht: ‚Ich werde den Hirten erschlagen, und die Schafe der Herde werden sich zerstreuen.' Wenn ich aber aus dem Tod auferweckt sein werde, will ich euch nach Galiläa vorausgehen.*« *Da widersprach Petrus:* »*Wenn alle den Glauben an dich verlören, mir kann das nicht geschehen.*« »*Ich sage dir*«, *kündigte Jesus ihm an,* »*in dieser Nacht, ehe der Hahn zweimal kräht, wirst du dreimal feierlich versichern, du habest nichts mit mir zu tun.« Er aber blieb dabei: »Wenn ich auch mit dir sterben müsste, würde ich mich doch nicht von dir lossagen.« Und ähnlich sprachen sie alle.*

Indessen kamen sie zu einem Landgut, das Getsemani hieß. Dort wandte er sich an seine Jünger: »Setzt euch hier! Ich will dort drüben beten.« Er nahm Petrus, Jakobus und Johannes mit sich und fing an zu zittern und zu zagen: »Meine Seele ist zu Tode betrübt. Bleibt hier und wacht.« Dann ging er ein paar Schritte weit, sank nieder auf die Erde und betete, wenn es möglich sei, so möge doch diese schreckliche Stunde an ihm vorübergehen: »Vater, mein Vater! Alles liegt in deiner Macht. Lass diesen Kelch an mir vorübergehen! Aber nicht, wie ich will, sondern wie du willst!« Als er wieder zu ihnen kam, fand er sie schlafend und weckte Petrus: »Simon, schläfst du? Kannst du nicht eine Stunde wachen? Wacht und betet, dass euch nicht die Finsternis überwältigt! Unser Geist ist willig, aber unsere Kräfte sind schwach.«

Noch einmal ging Jesus weg und betete dieselben Worte. Als er zurückkam, traf er sie abermals schlafend an und so müde, dass sie kaum die Augen öffnen oder eine rechte Antwort finden konnten. Und zum dritten Mal kam er zu ihnen: »Schlaft ein andermal aus! Ruht ein andermal! Jetzt ist es genug! Die Stunde ist da. Die Hände der Gottlosen greifen nach mir. Steht auf! Wir gehen! Der Verräter ist da!« <<

Jesus prophezeit Petrus, dass dieser ihn ›drei‹mal verleugnen werde und im Garten Getsemani nahm er ›drei‹ Jünger, Petrus, Jakobus und Johannes, mit sich. Und ›drei‹mal weckte Jesus seine Gefährten. Eindeutiger können die Hinweise auf das Wesen der ›Drei‹, auf den allgegenwärtigen und wichtigen Prozess des Dreischritts in unserem Leben nicht sein! Der Vollständigkeit halber sei noch folgende bewegende Szene mit Petrus genannt, die erneut die ›Drei‹ in sich trägt, denn Jesu Prophezeiung tritt ein. >> *Petrus saß währenddessen drunten* im Innenhof. Da kam eine von den Mägden des Hohepriesters vorbei, und als sie Petrus sich da wärmen sah, schaute sie ihn genauer an und sagte: »Der war auch mit dem Nazarener, diesem Jesus, zusammen!« Er aber leugnete: »Ich kenne ihn nicht. Ich verstehe nicht, wovon du redest!« Und er ging hinaus in die Vorhalle, und der Hahn krähte. Das Mädchen sah ihn draußen wieder und sagte zu den Umstehenden: »Der gehört auch dazu!« Er aber leugnete wieder. Eine kleine Weile danach wandten sich die Leute, die da standen, an Petrus: »Kein Zweifel! Du gehörst auch dazu! Man hört es: Du bist ein Galiläer!« Da fing er an, sich zu verfluchen und zu schwören: »Ich kenne ihn nicht! Von wem sprecht ihr?« Und der Hahn krähte zum zweiten Mal. Da erinnerte sich Petrus, dass Jesus gesagt hatte: »Ehe der Hahn zweimal kräht, wirst du dreimal leugnen, mich zu kennen.« Und er fing an zu weinen. <<

Tod und Auferstehung finden in uns allen statt – vielleicht heute, auf jeden Fall immer wieder.

Der See Tiberias
oder
Warum können 153 Fische wichtig sein?

Diese biblische Geschichte gehört zu den Auferstehungsgeschichten, in denen Jesus sich nach seiner österlichen Auferstehung mehreren Menschen gezeigt hat. Als innere Prozessgeschichte, die sich in meinem Seelenleben abspielt, hat »Auferstehung in mir« sicherlich etwas mit einer Erneuerung in mir zu tun. *Erneuerung* als permanenter Prozess, die ich jeden Tag aufs Neue erfahren kann, wenn ich dies möchte. So bekräftige ich in meinen morgendlichen Gebeten jedes Mal: »Ich umarme mich und mein inneres Kind und Jesus Christus, der in mir auferstanden ist.« Hier handelt es sich keinesfalls um Blasphemie, sondern ich drücke *erneut* und immer wieder meinen Bund mit Gott aus. Diese Jesusgeschichte am See Tiberias besitzt für mich eine Wirkung mit Breitbandspektrum: Je nach Lebenslage spendet sie Trost oder gibt mir »einfach nur« das augenblickliche Gefühl des Einsseins mit dem Universum. Schauen wir in die Geschichte hinein:

>> *Später erschien Jesus seinen Freunden aufs Neue, und zwar am See Tiberias. Das ging so zu: Petrus, Thomas, der Zwilling, Natanael von Kana in Galiläa, die beiden Zebedäussöhne und noch zwei andere waren dort beisammen. Als nun Simon Petrus sagte: »Ich will fischen gehen!«, erklärten die anderen: »Wir auch!« So gingen sie an den See hinunter und stiegen ins Boot. Aber während der ganzen Nacht fingen sie nichts.*

In der ersten Morgenfrühe stand Jesus am Ufer, und die Jünger wussten nicht, dass er es war. »Kinder«, redete er sie an, »habt ihr nichts zu essen?« »Nein«, antworteten sie. »Werft das Netz über die rechte Seite des Boots, dann werdet ihr etwas finden.« Sie taten es und konnten das Netz wegen der Last der Fische nicht mehr einholen.

Da sagte der Jünger, den Jesus lieb hatte, zu Petrus: »Es ist der Herr!« Als Petrus das hörte, zog er das Gewand über, denn er war nackt, und sprang ins Wasser. Die anderen Jünger kamen im Boot nach – sie waren nur etwa hundert Meter vom Land – und zogen das Netz mit den Fischen. Als sie ans Ufer traten, sahen sie ein Kohlenfeuer, auf dem Fische und Brot lagen. »Bringt von den Fischen, die ihr eben gefangen habt«, hörten sie Jesus sagen. Da stieg Petrus wieder ins Boot und zog das Netz aufs Land. Es stellte sich heraus, dass einhundertdreiundfünfzig große Fische darin waren, und obwohl es so viele waren, zerriss das Netz nicht. »Kommt her«, rief Jesus ihnen zu. »Wir wollen essen!« Aber niemand hatte den Mut, zu fragen: »Wer bist du?« Sie wussten, dass es der Herr war. Da kam Jesus, nahm das Brot und verteilte es an sie, ebenso die Fische. Das war das dritte Mal, dass Jesus sich im Kreis seiner Jünger zeigte, nachdem er vom Tode auferstanden war. <<

Wir haben schon einen großen Teil auf unserem Reifungsweg zurückgelegt. Unser inneres Kind, das wir schon fast ganz wieder entdeckt haben, spürt, dass es jetzt noch einen wichtigen Schritt auf seinem Weg gehen muss. Wir können auch sagen, die Seele in uns ist erst beinahe frei, es fehlt noch etwas zur vollen Entfaltung. Dies deuten uns die sieben Jünger an, die sich noch während der Nacht am See von Tiberias aufhalten. Die heilige Zahl >7< weist auf die Vollkommenheit hin, aber es ist noch Nacht, wir befinden uns in Finsternis. Wie in der Schöpfungsgeschichte muss nach der Nacht vom 6. auf den 7. Tag auch hier, in uns selbst, der Licht bringende Tag beginnen.

Wie bereits gesagt, weiß unsere Seele nun, dass sie noch einen wesentlichen Abschnitt auf ihrem Reifungsweg zurücklegen muss, und spricht daher: »*Ich gehe fischen.*« Alle sieben Jünger wollen im See während der Nacht fischen gehen. Das heißt aber nichts anderes, dass unsere Seele aus unserem Lebenswasser – unserem alltäglichen Leben – noch wesentliche Gedanken, Gefühle, Unbewusstes regelrecht an Land ziehen und damit nach oben bringen muss. Halt Fische fangen. Aber die noch nicht vollständig freie und gereifte Seele schafft es nicht. Nicht in der Nacht und nicht ohne Hilfe. Diese Hilfe erhalten wir im Unbewussten, Jesus Christus tritt in Erscheinung. Im Text heißt es so schön: *Da steht in der ersten Morgenfrühe Jesus am Ufer und fragt die Jünger* – unser inneres Kind –: »*Habt ihr nichts zu essen?*«

Unsere Seele nimmt den höheren Geist wahr, aber noch unbewusst. Bewusst allerdings ist ihr, dass sie noch nichts zum Essen hat, das heißt zum Vereinigen und ‚Ganzmachen'. Unser inneres Kind erkennt zunächst noch nicht den höheren Geist – Jesus –, sie erkennt noch nicht die Verbindung zur himmlischen, jenseitigen Welt, denn keiner der sieben Jünger erkennt sofort Jesus, der hier als achter Akteur in Erscheinung tritt. Die >8< als Symbol für das Öl der himmlischen Welt, Jesus, der Achte, der Gesalbte. Trotz des noch Diffusen in unserem inneren Selbst spürt unsere Seele jetzt, dass die Verbindung mit der göttlichen Kraft enorm wichtig und ausschlaggebend in unserem Erdendasein ist. Das ist mit dem Fischen auf der »rechten« Seite gemeint, der himmlischen Seite der Welt.

Ein Teil unseres inneren Kindes erahnt mittlerweile auch schon die allgegenwärtige Existenz dieser kosmischen Energie, die Allgegenwart Gottes. Im Urtext heißt es ja: *Da sagte der Jünger, den Jesus lieb hatte, zu Petrus:* »*Es ist der Herr.*« Nach und nach erkennt die Seele in uns die eigene Verbindung zum Göttlichen, dann sind ‚*alle nur etwa 100 Meter vom Land entfernt*'. Die Zahl >100< steht als »große« >1< symbolhaft für die göttliche, universelle Einheit und außerdem ‚*ist das Netz nun prall gefüllt mit Fischen*'. Jetzt sieht oder besser gesagt erlebt unsere Seele, unser innerer Christus, das Ganze. An Land entdecken sie nämlich schon ein Feuer, auf dem bereits Fisch und Brot liegen. Auch wir selbst bringen nun unsere bislang verborgenen Anteile als »Fische« dem in uns zum Himmel gewandten Teil dar. Es sind exakt ‚*153 große Fische*'! An dieser Stelle möchte ich gerne folgenden Kommentar abgeben: Obwohl ich mich schon länger mit der Zahlensymbolik auf Basis der hebräischen Sprache beschäftige und dabei immer wieder ins Staunen geraten kann, ist die Zahl >153< in »Der See Tiberias« wirklich etwas Besonderes. Es wird wieder ganz klar: Nichts in der Bibel ist ohne Bedeutung, was anhand dieser »krummen« Zahl demonstriert werden kann. Die Qualität der >153< bedeutet: »Alles ist *sehr gut!*« Warum? >153< ist der theosophische Wert der >17<, d. h. 1 + 2 + 3 + 4 + 5 + … + 15 + 16 +17 = **153** und damit eine Verstärkung der Qualität >17<. Die Qualität dieser Zahl leitet sich wiederum vom hebräischen Wort »tob« ab, geschrieben ב ו ט (Teth-Waw-Beth) = 9-6-2, was »gut« bedeutet. Ist das nicht beglückend?

Indem wir nun das Brot und die Fische essen, »machen wir unser Leben ganz«, alles ist sehr gut und etwas Neues beginnt … Warum etwas Neues? Die Quersumme von **153** ist **9**. Und im versteckten und symbolhaften Ausdruck der >153< steckt exakt >9<-mal das Wort »tob« = »gut«! 9 x 17 = **153**. Und die Qualität der >9< steht als Ausdruck für neu.

Unser inneres Kind ist frei – und glücklich … Und alles in unserem Leben ist sehr gut!